Bruno Bergerfurth

Rückblicke mit 80

(1927–1945)

Bruno Bergerfurth

Rückblicke mit 80

(1927–1945)

Biografie

edition fischer

Bibliografische Information Der Deutschen Bibliothek
Die Deutsche Bibliothek verzeichnet diese Publikation in der Deutschen Nationalbibliografie; detaillierte bibliografische Daten sind im Internet über http://dnb.ddb.de abrufbar

Orber Str. 30, D-60386 Frankfurt/Main

Schriftart: Times 12°
Herstellung: Satz*Atelier* Cavlar / NL
Printed in Germany
ISBN 978-3-89950-303-6

Der Flickenteppich der Geschichte

setzt sich aus großen und kleinen Geschichten zusammen

Inhalt

Vorwort

Zwei Dinge waren es, die mich beinahe zwanghaft dazu veranlasst haben, an meinem aktenentwöhnten Schreibtisch Platz zu nehmen und in Kindheits- und Jugenderinnerungen zu kramen: Zum einen fühlte ich mich durch einen Zeitungsartikel unmittelbar angesprochen, der unter der Devise »Zeitzeugen gesucht« Jahrgänge meines Alters dazu ermunterte, für die Enkelgeneration Erlebtes aufzuschreiben. Zum anderen war es die Erkenntnis, dass das Schreiben juristischer Fachbücher, Aufsätze und Rezensionen mehr als fünfzehn Jahre nach Eintritt in den Ruhestand doch wohl sein Ende finden sollte. Stattdessen lockte auf einmal eine ebenso reizvolle wie unaufschiebbare Aufgabe: von der Vergangenheit zu erzählen, über den Alltag in den 30er und 40er-Jahren schlicht zu berichten, Fragen nach dem »Wie war das damals« zu beantworten, Fragen also, die eventuell schon bald nicht mehr gestellt werden können.

Als Angehöriger des Jahrgangs 1927 habe ich die Zeit des »Dritten Reiches« noch aktiv miterlebt, angefangen vom Pimpf im Jungvolk über die Flieger-HJ, die Luftwaffenhelferzeit, den Arbeitsdienst und die Wehrmacht bis hin zum Fronteinsatz. Was hat sich in dieser Zeit bis 1945 innenpolitisch, außenpolitisch und militärisch an großenteils dramatischen Ereignissen abgespielt und wie hat der Heranwachsende all dies empfunden? Wie konnte es überhaupt – seit jeher eine der Kardinalfragen – zur Machtergreifung Hitlers und zum Zweiten Weltkrieg kommen? Welchen Einfluss hatten Elternhaus, Schule und Kirche auf einen jungen Menschen, der in jeder Entwicklungsphase – oft unbemerkt – einer beharrlichen Indoktrination durch die nationalsozialistische Diktatur ausgesetzt war? Inzwischen sind mehr als 60 Jahre vergangen und Erlebtes ist längst Geschichte. Umso größer erscheint die Verantwortung, sich um objektive Berichterstattung zu bemühen und die dem Zeitzeugen auferlegte Bringschuld ehrlich zu erfüllen.

1. Kapitel

1927–1929

Als zweites von vier Kindern meiner Eltern wurde ich am 30. Oktober 1927 in Essen geboren. Der damals bereits 46-jährige Vater, ein strenger, aber gerechter Mann, war Justizinspektor am Amtsgericht; die 38-jährige, stets gütige Mutter hatte bis zu ihrer Eheschließung als Fürsorgerin gearbeitet. Beide Eltern waren tief im katholischen Glauben verwurzelt, der, wie sich noch zeigen wird, während der Kindheits- und Jugendzeit das Familienleben maßgeblich bestimmte.

Die Stadt Essen, seit 1896 Großstadt, hatte 1927 bereits knapp 500.000 Einwohner und war damals das Zentrum des sogenannten »Ruhrpotts«, eine Bergwerks- und Industriestadt, die von den Namen Krupp, Stinnes, Thyssen und Goldschmidt geprägt war. Fördertürme und Werkshallen bestimmten weitgehend das Stadtbild; über die Rauch- und Rußbelästigung klagten nicht nur die Hausfrauen beim Fensterputzen. Erholung suchten die Bürger besonders im Essener Süden, wo etwa die bewaldeten Ruhrhöhen zum Sonntagsspaziergang mit der ganzen Familie und zur Einkehr in gemütliche, am Wasser gelegene Ausflugsgaststätten einluden. Allerdings wurde mit dem Bau des heute nicht mehr wegzudenkenden Baldeneysees, der die Ruhr zwischen Heisingen und Werden staut, erst 1930 begonnen. Auch die ebenso beliebte Gruga öffnete erst im Jahre 1929 mit der Großen Ruhrländischen Gartenausstellung ihre Pforten.

Seit Fertigstellung des Baldeneysees war dieser ein bevorzugtes Ausflugsziel, außerdem eine Stätte für Wassersport jeder Art. Als Schüler sind wir oft im Baldeneysee geschwommen (einmal auch leichtsinnigerweise bis zur anderen Seite); aber vom 10-m-Brett des am Rande des Sees angelegten Schwimmbades herunterzuspringen, habe ich mich nicht getraut – im Gegensatz zu meinem knapp zwei Jahre älteren und auch sonst couragierteren Bruder Klaus. Später (1946) hatte ich für mein Paddelboot einen Lagerplatz am Ruhrufer in Werden; wollten meine Freundin Ruth (genannt »Spatz«) und ich im See paddeln, mussten wir das Boot eigenhändig durch das Stauwerk nach oben tragen. Ein jedes Mal schweißtreibendes, aber köstliches Freizeitvergnügen. Der See war übrigens meiner Erinnerung nach im Januar 1963, als unsere Jüngste (Tochter Ute) im Werdener St.-Josefs-Krankenhaus zur Welt kam, einmal völlig zugefroren. Aber ich habe vorgegriffen. Zurück zu den 20er-Jahren, die ich naturgemäß bewusst nicht erlebt habe, sondern nur von Erzählungen und aus sonstigen Überlieferungen kenne. Bei Letzteren handelt es sich in der Hauptsache um Aufzeichnungen meines Vaters, eine Art Tagebuch, das er für jedes seiner Kinder angelegt hatte, um darin besondere, aber auch ganz alltägliche Ereignisse festzuhalten.

Es war eine schwere Zeit, die die Deutschen in den Jahren nach dem Ersten Weltkrieg hinter sich hatten. Besonders oft erzählte der Vater vom Krisenjahr 1923, in dem die Besetzung des Ruhrgebiets durch französische und belgische Truppen sowie die immer schneller galoppierende Inflation der Bevölkerung sehr zu schaffen machten, und zwar nicht nur als allgemeine Kriegsfolgenlast, sondern bis in den persönlichen Bereich hinein. So fühlte sich mein Vater, selbst Soldat im Ersten Weltkrieg und mit dem Eisernen Kreuz ausgezeichnet, mehrere Male schikanös gedemütigt, wenn ihm auf dem Bürgersteig entgegenkommende Soldaten der Besatzungstruppen mit Drohgebärden ein Weitergehen unmöglich machten und ihn mit hämischen Worten auf die Straße verwiesen. Als Beispiel für die katastrophale Wirtschaftssituation schilderte er den Kauf eines Bücherschrankes für mehrere Milliarden Mark, ein Betrag, mit dem schon wenige Tage später nur noch ein Brot zu kaufen war.

Eine Besserung der Lage trat erst Mitte 1925 mit der Aushandelung eines neuen Reparationsplanes ein, dessen Schuldendienst während des Zweiten Weltkrieges von Deutschland eingestellt wurde. Wieder aufgenommen wurde dieser Schuldendienst später durch das Londoner Schuldenabkommen von 1953, ein Abkommen, das der Normalisierung der wirtschaftlichen Beziehungen zu den Gläubigerstaaten diente und mich in den 70er-Jahren, als ich beim Landgericht neben einer Kammer für Handelssachen auch die Kammer für Auslandsforderungen zu leiten hatte, mit komplizierten Rechtsfragen noch sehr beschäftigte. Schon wieder diese zeitlichen Abschweifungen! Aber es geht wohl nicht anders. Erinnerungen sind nun einmal nicht kalendergebunden abrufreif, sondern aus der Versenkung plötzlich auftauchende Bilder, die erst in einem bestimmten Zusammenhang hinreichend klare Konturen erhalten.

Die Notzeit war zunächst einmal vorüber. Zum Jahreswechsel 1927/28 herrschte in bürgerlichen Schichten verbreitet das Bewusstsein, in einer Zeit politischer und wirtschaftlicher Stabilität zu leben. Diese Stimmung kam mehr oder weniger auch in den Neujahrsansprachen der Politiker zum Ausdruck, so in der Rede des Reichspräsidenten Paul von Hindenburg, der 1925 als Nachfolger des verstorbenen Sozialdemokraten Friedrich Ebert zum zweiten Präsidenten der Weimarer Republik gewählt worden war, und in der Ansprache des Reichskanzlers Wilhelm Marx, der zugleich Vorsitzender des Zentrums war. Auch der kulturelle Aufschwung trug dazu bei, später von dieser Zeit als den »goldenen 20er-Jahren« zu sprechen. Erinnert sei in diesem Zusammenhang nur an Namen wie Max Reinhardt und Erwin Piscator, die als Regisseure in Berlin wirkten, an Aufführungen neuer Stücke von Gerhart Hauptmann, Carl Zuckmayer und Bertolt Brecht, an Filmschauspieler wie Otto Gebühr (»Der alte Fritz«) und Greta Garbo (»Das göttliche Weib«).

Auch in Essen tat sich in kultureller und wirtschaftlicher Hinsicht einiges. So entstanden 1927 das »Haus der Technik« (allgemein nur HdT genannt) und das neue Baedekerhaus; das Grillo-Theater wurde zum Opernhaus und das Volkstheater an der Hindenburgstraße zum Schauspielhaus ausgebaut. In Essen-Borbeck begann der Bau eines großen Hochofen- und Edelstahlwerkes, bei Krupp wurde zur Rationalisierung der Verwaltung das Hollerith-Lochkartensystem eingeführt und in Langenberg der für Essen wichtige Rundfunksender in Betrieb genommen. Anfang Oktober erfolgte der erste Spatenstich für die Gruga, deren Planung von dem Gartenbaudirektor Korte stammte. An ihn erinnert noch heute die oberhalb der Ruhrhöhen gelegene »Korteklippe«, ein idyllischer Ruhe- und Aussichtsplatz.

Nachhaltige Bedeutung für die künstlerische Ausbildung in Musik und Tanz verdankt Essen der 1927 gegründeten Folkwangschule, bei der der berühmte Tanzpädagoge Kurt Jooss tätig war. An seine Tanzrevue »Der grüne Tisch« habe ich noch eine persönliche Erinnerung: Beim Landgericht Essen lief 1951 während meiner Referendarzeit ein Plagiatsprozess mit der Behauptung, eine Tanzszene in dem Film »Sensation in San Remo« (mit Marika Rökk) sei identisch mit einer entsprechenden Tanzszene aus dem Werk von Kurt Jooss. Am 17. September 1951 fand deshalb eine Beweisaufnahme in der »Lichtburg« statt, bei der sowohl die Originalszene auf der Bühne getanzt als auch ein Ausschnitt des Films gezeigt wurde. Der genaue Ausgang des Verfahrens (Urteil oder Vergleich?) ist mir nicht mehr erinnerlich. Ich meine aber, dass die umstrittene Tanzszene anschließend aus dem Film entfernt werden musste.

Zurück zum Jahr 1927. An meinem Geburtstag brachte die »Essener Allgemeine Zeitung« – die, wie damals üblich, auch am Sonntag erschien – folgende Artikel (Untertitel in Klammern): »Der Willkür preisgegeben (Schläge gegen das Deutschtum in Oberschlesien und Südtirol)«; »Für eine deutsch-französische Annäherung (Der Kongreß der französischen Radikalen)«; »75000 Unterstützte weniger (Der Rückgang der Arbeitslosen)«; »Weltspartag 1927 (Haushalt und Volkswirtschaft)«. Unter der Überschrift »Kommunale Betrachtungen« wurde Folgendes berichtet: »Änderung der Straßenbahntarife« (über den Innenstadttarif von 15 Pfennig hinaus wird künftig für jede weitere Teilstrecke ein Zuschlagspreis von 5 Pfennig erhoben); »Verstärkung des polizeilichen Sicherheitsdienstes« (demnächst häufiger berittene Polizeistreifen); »Beleuchtung auf der Rüttenscheiderstraße« (die elektrische Straßenbeleuchtung in Essen wird weiter ausgebaut); »Unhaltbare Verkehrszustände« (kritisiert wird insbesondere, dass ein Eilzug von Wuppertal nach Essen für die 43 km lange Fahrstrecke nicht weniger als eineinhalb Stunden benötigt, alle übrigen Züge sogar fast das Doppelte dieser Fahrzeit). Der Theaterplan enthält für die laufende Woche die Stücke Madame Butterfly, Idomeneo und Wildschütz (Opernhaus);

Prinz Friedrich von Homburg, Spiel im Schloß und Manneles Himmelfahrt (Schauspielhaus); Fledermaus und In der Johannisnacht (Komische Oper). Die Konzertdirektion Baedeker kündigt einen einmaligen Tanzabend mit Mary Wigman an, der Essener Bachverein das Oratorium Judas Maccabäus von Händel.

Die von den Eltern bezogene »Essener Volkszeitung« brachte am 31. Oktober 1927 die Geburtsanzeige (»Am Christkönigsfest schenkte uns Gott den zweiten Jungen ...«), die der Vater ausschnitt und – nicht ohne vorher einen Druckfehler handschriftlich korrigiert zu haben – an den Anfang der bereits genannten Tagebuchaufzeichnungen klebte. Er blieb eben bis in den privaten Alltag hinein der korrekte preußische Beamte. Am 1. November stand sodann die Taufe an, zu der auch die Großmutter Katharina Bergerfurth aus Emmerich als Patin anreiste. Den Vornamen Bruno wünschte der Vater wohl deshalb, weil er den Namenspatron (Bruno von Köln, der im 11. Jahrhundert den Orden der Kartäuser gegründet hat) besonders verehrte. Er selbst hatte nach der Gymnasialzeit entgegen seinem geheimen Wunsch nicht Theologie studieren können, weil die acht jüngeren Geschwister noch unversorgt waren und er deshalb zunächst viele Jahre für den Lebensunterhalt der Familie mitarbeiten musste. Der Großvater, ein würdiger und sympathischer Mann mit langem Bart, dessen kerzengerade Haltung geradezu an seine frühere Dienstzeit als Gardekürassier erinnerte, hatte als Kommunalförster und Hegemeister für eine so große Familie doch wohl allzu beschränkte Mittel zur Verfügung.

Von den recht zahlreichen Taufgratulanten seien nur zwei gute Freunde meiner Eltern erwähnt: zum einen der »Ruhrpastor« Konrad Jakobs, ein bekannter Großstadt- und Arbeiterseelsorger aus Mülheim, der in der Notzeit nach dem Ersten Weltkrieg über seine Tätigkeit als Gemeindepfarrer hinaus durch sein außergewöhnlich umfassendes soziales Engagement hervorstach. Für jeden Hilfsbedürftigen hatte er ein offenes Ohr. Neben einer breit gefächerten, von ihm initiierten Bautätigkeit (Errichtung der Stadtkirche Sankt Mariä Geburt; Erweiterung des Marienhospitals; Einrichtung einer Familien- und Krankenpflege sowie mehrerer Heime für Jugendliche; Hausbauten für kinderreiche Familien) sorgte er durch Spendenaufrufe und »Kartoffelpredigten« unermüdlich dafür, dass kostenlose Suppenküchen zur Verfügung standen und Kleidersammlungen die Not lindern halfen. Sein segensreiches Wirken bleibt unvergessen.

Zum anderen war es der als »Siedlungsvater« bekannt gewordene Studienrat Dr. Nikolaus Ehlen, den ich in meiner Jugendzeit immer bewundert habe. Nachdem er 1925 die erste Siedlung für Kinderreiche in Velbert geschaffen hatte, errichtete er – nach Verkündung des Reichsheimstättengesetzes – in der Zeit von 1929 bis 1936 zahlreiche Siedlungen für Arbeitslose. Immer hatte er Gäste im Hause, die mit der Familie zusammen am großen Tisch bewirtet wurden. Ich sehe noch heute im Geiste seine Frau (»Tante Maria«) vor mir, wie sie fürsorglich und liebevoll die ganze Tischgemeinde betreut. Sie war es auch, die im Sommer 1935 ein Jugendtreffen in Neuharlingersiel an der Nordsee veranstaltete und meinen Bruder und mich zu einem vierwöchigen Aufenthalt einlud. Nach der Nazizeit, in der Nikolaus Ehlen ständigen Nachstellungen ausgesetzt war, führte er seine Arbeit im Siedlungswesen fort und verbreitete insbesondere den Selbsthilfegedanken durch die Gründung von Siedlergemeinschaften. Die später erfahrenen Ehrungen hat er voll verdient. So wurde er 1952 Ehrenbürger der Stadt Velbert und erhielt 1961 das Große

Bundesverdienstkreuz; auch wurde ein Gymnasium nach ihm benannt.

Persönliche Erinnerungen aus den ersten beiden Lebensjahren liegen natürlich nicht vor. Umso mehr schweift der Blick zurück auf das, was sich in dieser Zeit nach Drittberichten im näheren und weiteren Umfeld des jungen Erdenbürgers ergeben hat. Die Eltern hatten eine Wohnung im Hause Ursulastraße 33 in Rüttenscheid bezogen, in dem noch weitere Justizbedienstete wohnten. Rüttenscheid, südlich der Altstadt gelegen und schon früh eingemeindet, beherbergte wie heute noch sowohl das Amts- und Landgericht als auch das Polizeipräsidium. Ein enger Kontakt ergab sich schon bald mit der auf derselben Etage wohnenden Familie Zumpe, deren Sohn Walter unser erster Spielkamerad wurde. Vater Zumpe war ein stets zu Späßen aufgelegter Nachbar, der ausgezeichnet Geige spielte und bei allen Kindern besonders dadurch Aufmerksamkeit fand, dass er verblüffende Kunststücke vorführte und außerdem beide Ohrläppchen für eine ganze Zeit lang in den Ohren verschwinden lassen konnte, ohne sie festzuhalten. Die »Sandkastenfreundschaft« mit Walter Zumpe hielt – über die Schulzeit, die Studienzeit und die gemeinsame berufliche Tätigkeit hinaus – bis zu seinem Tode ein ganzes Leben lang an. Wir waren nicht nur wie selbstverständlich in derselben Studentenverbindung und gemeinsam im Kegelklub; Walter, der zuletzt stellvertretender Leitender Oberstaatsanwalt in Essen war, wurde auch der Patenonkel unseres Erstgeborenen (Sohn Georg). Meine erste Erinnerung aus dieser frühen Kinderzeit, wohl unterstützt durch die Erzählungen der Eltern, ist diejenige an ein harmloses Vergnügen: Wir Jungs rutschten auf den Knien von einer Wohnung durch das Treppenhaus in die andere Wohnung, und zwar unter dem ständigen Singsang »Nena, nena,

nena«, wobei einer den anderen an Lautstärke zu übertreffen suchte. Dass dabei zum Leidwesen der Mütter die langen Strümpfe, die wir geknöpft an sogenannten »Leibchen« trugen, schon bald an den Knien große Löcher aufwiesen, war wohl nicht zu vermeiden.

Über die damaligen finanziellen Verhältnisse der Familie ergeben sich interessante Anhaltspunkte aus einer Geschichte, die der Vater unter der Überschrift »Das heimliche Sparkassenbuch« geschrieben hat. Sein Einkommen – das übrigens Anfang der 30er- Jahre eine Zeit lang vom Staat nur in Raten gezahlt wurde – händigte er monatlich der Mutter aus und behielt nur einige Reichsmark als Taschengeld. Wie knapp es bei der zuletzt sechsköpfigen Familie (die Schwestern Maria und Hildegard wurden 1930 und 1933 geboren) mit den zur Verfügung stehenden Haushaltsmitteln bestellt war, zeigt sich daran, dass der Vater am Monatsende oft noch mit seinem Taschengeld aushelfen musste. Die Mutter setzte ihren Stolz darein, auch in knappen Zeiten nicht – wie sonst verbreitet üblich – »anschreiben« zu lassen. Lediglich für Bekleidungsanschaffungen galt eine Besonderheit: Sie hatte bei der Firma Cramer & Meermann – als Stammkundin und persönliche Bekannte von Frau Meermann – ein Verrechnungskonto, das je nach aktueller Finanzlage alle paar Monate glattgestellt wurde. Wir Kinder haben von finanziellen Engpässen nie etwas gemerkt. Im Gegenteil: Stets mit allem Notwendigen ausgestattet, dabei keinesfalls verwöhnt, habe ich die wirtschaftliche Situation zu Hause gründlich überschätzt.

Am 21. August 1928 überreichte der Pförtner des Justizgebäudes meinem Vater einen dienstlichen Brief mit der Bemerkung, es handele sich um eine sicher wichtige Nachricht aus Hamm. Die

Mitteilung des OLG-Präsidenten lautete: »In Ausführung des Stellenplans für 1927 wird Ihnen in Ihrer Eigenschaft als Rechtspfleger mit Wirkung vom 1. Oktober 1927 eine ruhegehaltsfähige Zulage von jährlich 300 RM – dreihundert Reichsmark – verliehen.« Eine angenehme Überraschung! Diese Zulage sowie die einzelnen Folgebeträge, die nach Abzug der Steuern in monatlichen Teilbeträgen von rund 24 RM gezahlt und jeweils an der Gerichtskasse abgeholt wurden, legte der Vater ungefähr zehn Jahre lang auf einem Sparbuch an, um davon besondere Ausgaben bestreiten zu können. Aufgelistet sind insoweit unter anderem: 30 RM für eine zweitägige Mütterwallfahrt nach Bornhofen; 10 RM für Ausverkauf; 180 RM für die Feier der Erstkommunion von Klaus und Bruno; 10 RM für Pilgerfahrt nach Altötting; 300 RM für Kinderzimmermöbel. Bei der heutigen Einschätzung solcher Beträge muss man die damaligen Preise berücksichtigen. So kostete beispielsweise ein Brötchen 5 Pfennig und ein Bier 20 Pfennig. Eine Dreierpackung Zigaretten gab es schon für einen Groschen, also für 10 Pfennig. Wenn man bedenkt, dass ein männlicher Arbeiter zu dieser Zeit im Durchschnitt nur 41 RM wöchentlich verdiente, wird klar, dass die Annahme des von uns Kindern gefühlten »Wohlstandes« im Beamtenhaushalt doch nicht ganz abwegig war. Aufgefüllt wurde das Sparkassenbuch zwischenzeitlich auch durch andere Beträge. So erhielt der Vater zum Beispiel einen »Aufwertungsbetrag« von 7,70 RM für ein in der Inflationszeit entwertetes Sparbuch und 457,20 RM als Rückkaufswert für die Aufwertungsanteile zweier Lebensversicherungen.

Die Tatsache, dass die genannten 24 RM nicht auf ein Konto überwiesen wurden, sondern monatlich an der Gerichtskasse abgeholt werden mussten, erinnert mich übrigens an meine spätere Tätigkeit in den Semesterferien als Werkstudent bei der Ruhrgas AG. Hier musste ich mich nämlich jeweils beim Lohnbüro in eine Warteschlange einreihen, um mein Tütchen mit dem Barlohn (monatlich 185 DM) in Empfang zu nehmen. Es handelte sich um mein erstes selbst verdientes Geld in Deutscher Mark.

Aber wir sind noch im Jahre 1928, einem Jahr, in dem das bis dahin stabile politische und wirtschaftliche Klima in Deutschland brüchig zu werden drohte. Die Nationalsozialisten mit ihrer 1925 wiedergegründeten NSDAP hatten zwar noch keine Macht; Hitlers Sturmabteilungen (SA) marschierten aber schon durch die Straßen. Reichsaußenminister Stresemann (DVP) sah eine Krise des Parlamentarismus aufziehen, meinte aber dennoch, Deutschland sei vom Faschismus noch weit entfernt. Im August 1928 unterzeichneten fünfzehn Nationen den Briand-Kellogg-Pakt, ein Abkommen, durch das zum ersten Mal der Krieg für völkerrechtswidrig erklärt wurde. Auch das kurze Zeit später erscheinende Buch »Im Westen nichts Neues« des Schriftstellers Erich M. Remarque geißelte die Sinnlosigkeit des Krieges.

Wirtschaftlich ging es langsam talwärts. Die Konjunktur flachte allmählich ab, die Arbeitslosigkeit nahm zu. Diese Entwicklung steigerte sich bis zum sogenannten »Schwarzen Freitag« im Oktober 1929, als die Auswirkungen des New Yorker Börsenkrachs eine Weltwirtschaftskrise auslösten und auch Deutschland erreichten. Viele Betriebe meldeten Konkurs an. Besonders hart getroffen wurde auch die Stadt Essen mit ihrer damals doch recht einseitigen Wirtschaftsstruktur. Andererseits war 1929 für Essen auch das Jahr der großen Eingemeindungen. Durch diese Eingemeindungen (insbesondere von Werden und Steele) vergrößerte sich nicht nur das Stadtgebiet erheblich; vielmehr rutschte Essen mit seinen nunmehr über 640.000 Einwohnern in der Skala der deutschen Großstädte vom achten auf den sechsten Platz.

Von all diesen Ereignissen wusste der kleine Bruno, der gerade laufen lernte und den ersten Spaziergang an der Hand des Vaters durch die Gummertstraße machte, noch nichts. Auch davon, dass im Jahre 1929 Thomas Mann für seinen ersten Roman »Buddenbrooks«, der bereits 1901 erschienen war, endlich den Literaturnobelpreis erhielt und dass im selben Jahr »Graf Zeppelin« unter Führung Eckeners als erstes Luftschiff die Erde umfuhr, hörte er erst sehr viel später.

2. Kapitel

1930–1932

Mit der Geburt der Schwester Maria im Jahre 1930 setzen die ersten eigenen Erinnerungen ein. In der Ursulastraße wurde ein großes Kinderschützenfest gefeiert, an dem ich kostümiert teilnehmen durfte und zusammen mit Klaus und Walter als stolzer Schütze fotografiert wurde. Die ganz in Weiß gekleidete Schützenkönigin, ein etwa zwölf Jahre altes Nachbarskind, erschien mir wie eine Fee aus dem Märchenland. Überhaupt begann nunmehr so langsam die Zeit, da die Eltern uns Geschichten erzählten oder vorlasen. Gelegentlich übernahmen diese Aufgabe auch die »Märchentante« Käthe oder die heiß geliebte »dicke Lene«, die bei uns im Haushalt aushalf. Wenn man den Teller leergegessen hatte oder auch sonst brav gewesen war, konnte man sicher sein, dass vor dem Einschlafen – natürlich erst nach dem Abendgebet – das Betteln um eine Geschichte Erfolg haben würde. Immer wieder wollte ich die »Häschenschule« hören, die ich jetzt noch, 75 Jahre später, auswendig kann. Wenn man heutzutage bei einem der Fernsehratespiele erlebt, wie Märchenfragen aus den Büchern von Grimm oder Andersen oft nicht beantwortet werden können, wundert man sich sehr. Waren uns doch »Frau Holle« und »Aschenputtel« ebenso in Fleisch und Blut übergegangen wie »Die Prinzessin auf der Erbse« und »Das kleine Mädchen mit den Schwefelhölzchen«. Auch »Max und Moritz«, »Der Struwwelpeter« und »Das hölzerne Bengele« (die deutsche Fassung des italienischen

Kinderbuchs »Pinocchio«) standen auf der Tagesordnung. Mit zunehmendem Alter kamen die Heiligenlegenden, die Tierfabeln und das Essener Sagenbuch hinzu. Auf diese Weise hatten die Eltern – noch ehe wir in die Schule kamen – eine gute Grundlage für spätere Leselust und Lerneifer gelegt, und das ganz ohne Radio und Fernsehen!

Anfang 1931 begann der »Ernst des Lebens«, nämlich die Kindergartenzeit. An der Stelle, wo heute eine der Gruga-Messehallen steht, befand sich hinter hohen Mauern der von Nonnen geleitete Kindergarten. Die recht spärlichen Erinnerungen hieran erscheinen mir offen gestanden mehr bedrückend als erheiternd. Wir mussten in Zweierreihen still auf unseren Stühlchen sitzen und wurden mit Malstift, Knetgummi und Beten beschäftigt. An ausgelassenes Spielen oder fröhliches Singen, wie es heute in einem Kindergarten selbstverständlich ist, kann ich mich nicht erinnern. Wer brav war, erhielt von Schwester Wenzesla als »Fleißkärtchen« ein Heiligenbild. Eines habe ich noch in meinen Unterlagen: Auf der Vorderseite spielen zwei Engel mit Harfe und Zither dem Jesuskind ein Schlummerlied; auf der Rückseite ist – unter Hinweis auf kirchliche Druck-Erlaubnis – ein Kindergebet abgedruckt, das mit den Worten endet: »O Du süßes, holdes Kind«. Weniger angenehm war Folgendes: Ich galt damals als leidenschaftlicher Daumenlutscher. Das sollte mir im Kindergarten abgewöhnt werden. Als alles gute Zureden nichts half, drohte man mir mit einer Senfwickel für den Daumen. Obwohl ich seitdem nur noch ängstlich den Kindergarten betrat, bleibt doch festzuhalten: Die Radikalkur hatte Erfolg.

Zu Hause nahm das Spielen einen immer breiteren Raum ein. Außer den üblichen Karten- und Brettspielen und dem beliebten

Mikado (»Eins, zwei, drei, wenn's wackelt, ist's vorbei«) brachte mir der Vater schon früh das Schachspiel bei, das in der Skala meiner Lieblingsbeschäftigungen später einen Spitzenplatz einnehmen sollte. Besonders freute ich mich, wenn ich mit dem älteren Bruder »nach draußen« durfte. Wir spielten im Garten »Knickern« und auf der Straße »Pitschendopp«, »Hinkeln« und Fußball. Die Straße war auch an Werktagen praktisch autofrei. Ab und zu kam der Kartoffelmann mit seinem Pferdefuhrwerk. Sein lang gezogenes »Garduffleeen«, mit dem er »prima rheinische Mäuse« anbot, habe ich noch heute im Ohr. Die zentnerweise gekauften Kartoffeln kamen in die Kartoffelkiste, ein Lattengestell, dessen Boden – einer Rutsche gleich – immer handgerechte Mengen zur Entnahme freigab. Im Kartoffelkeller wurden auf besonderen Regalen auch lange Reihen Gläser mit Eingemachtem (einst der Stolz jeder Hausfrau!) sowie Äpfel gelagert. Wir Kinder gingen ab und zu mit in den Keller, um die zu lang gewordenen Keimlinge der Kartoffeln abzuknipsen, während die Mutter die Äpfel durch Drehen und Wenden auf Haltbarkeit untersuchte; Äpfel mit Druck- oder Faulstellen wurden zum sofortigen Verbrauch entnommen.

Täglich kam der Milchmann durch die Straße und schöpfte mit einem Messbecher die gewünschte Menge Milch in unsere Kanne. Auch »gute Butter« – im Gegensatz zur Margarine – konnte man bei ihm bekommen. In seiner um den Hals gehängten Ledertasche hatte er immer eine Menge Kleingeld. Besonderen Anklang bei den Kindern fand der allerdings relativ selten erscheinende Scherenschleifer, dem wir die stumpf gewordenen Messer und Scheren herunterbrachten, um dann beim Schleifen zuzusehen. Das Sprühen der Funken und das kreischende Singen des Schleifsteins faszinierten mich, zumal der Scherenschleifer ein kleines Äffchen bei sich hatte, das ganz ruhig auf seiner Schulter sitzen blieb.

Im Sommer erschien hin und wieder der Eismann. Es ging jedoch nicht um Speiseeis. Vielmehr wurden mächtige Eisstangen angeliefert, die klein gehackt in den Eisschrank kamen, um die richtige Temperatur zur Aufbewahrung von leichter verderblichen Lebensmitteln zu erreichen. Von elektrischen Küchengeräten wie Kühlschrank, Gefrierschrank und Kaffeemaschine wagte damals niemand auch nur zu träumen. Der Kaffee wurde von Hand gemahlen, das Kaffeewasser auf dem Küchenherd heiß gemacht. Auch von Dingen wie Mikrowelle, Grill, Toaster oder Geschirrspülmaschine, wie sie heute verbreitet eine Selbstverständlichkeit sind, war noch nicht die Rede. Wir hatten einen Kohlenherd, der morgens mit Zeitungspapier, klein gehacktem Holz und einer Schaufel Kohlen angemacht wurde und sodann der einzige Platz zum Kochen und Backen war. Im Winter »explodierten« auf der heißen Herdplatte die Esskastanien und im Backofen brutzelten die leckeren Backäpfel. Ein feierlicher Duft zog dann durch die ganze Wohnung. Nicht zuletzt diente der Herd auch dazu, die Küche zu heizen und die Bügeleisen – die anschließend mit einem Holzgriff versehen werden mußten, um sie überhaupt anfassen zu können – zu erhitzen. Die »große Wäsche« fand im Keller statt, war wegen des stundenlangen Aufenthalts in den feuchtheißen Dunstschwaden eine sehr beschwerliche Arbeit und benötigte – einschließlich des Trockenvorgangs auf den Wäscheleinen – zwei bis drei Tage.

Zu erwähnen sind schließlich die Straßenmusikanten und Bettler, die beinahe täglich durch die Straße zogen. Für die Musikanten wurden kleine Geldstücke in Papier eingewickelt und von oben aus dem Fenster geworfen. Die Bettler erhielten von der Mutter kein Bargeld, sondern ein Butterbrot und gelegentlich eine warme Suppe, die sie auf der Treppe sitzend verzehrten. Verschiedentlich kam es aber auch vor, dass die Mutter einen Bettler hereinbat und am Küchentisch bewirtete. Bei dieser Gelegenheit fallen mir übrigens die »Armenbesuche« ein, die mein Vater zusammen mit uns Jungs zur Weihnachtszeit gemacht hat. Wenn er vom Pfarrer die Adresse einer armen und kinderreichen Familie bekommen hatte, suchten wir zu Hause allerhand Süßigkeiten, Spielsachen und Kleidungsstücke zusammen, gingen zu den uns fremden Leuten und wünschten ein frohes Fest.

Die Vorbereitung auf das Weihnachstfest war zu Hause immer besonders spannend. Wir spazierten mit dem Vater in den Wald und suchten Moos für die Krippe, während die Mutter jede Menge Plätzchen backte. Für Anfang Dezember waren St. Nikolaus und Knecht Ruprecht in Person angekündigt. Dem Besuch, der mit lautem Poltern im Treppenhaus und einem gewichtigen Verlesen der guten und bösen Taten verbunden war, sah man mit Bangen entgegen. Erst als ich entdeckte, dass sich unter dem Nikolausgewand einer meiner erwachsenen Vetter verbarg, war die Angst verflogen – aber leider auch das Geheimnisvolle des Besuchs. Der Pantoffel wurde dennoch auch in den folgenden Jahren immer wieder am Abend vor dem Nikolaustag erwartungsvoll aufgestellt (und gefüllt).

Zu Weihnachten hatte ich mir zum Spielen einen »Milzwagen« gewünscht, den die Eltern auch frühzeitig besorgt und gut im Kleiderschrank versteckt hatten. Als die Mutter eines Tages vom Einkaufen heimkam, saß ich vor dem Kleiderschrank und spielte mit dem Wagen und den dazugehörenden Milchkannen. Meine

Mutter packte das Geschenk stillschweigend wieder weg und hat später glaubhaft versichert, die Weihnachtsüberraschung sei dennoch ungetrübt gewesen. Wenn ich heute auf die Kaltnadelradierung »Milchwagen« von Lovis Corinth schaue, die seit Jahren neben meinem Schreibtisch hängt, muss ich immer an diese kleine Weihnachtsgeschichte denken.

Spaziergänge mit den Eltern in die nähere Umgebung führten uns in den Kruppschen Altenhof, zum »Waldhaus« mit seinen zahlreichen Schaukeln, zur Schillerwiese und zur Klusenkapelle im Stadtwald oder auch ins »Ostereierwäldchen«, in dem ich eines Tages entdeckte, dass die gut versteckten Ostereier, die wir dort sammelten, immer einige Schritte vor uns von meinem Vater hingelegt wurden. Die geheimnisvolle Geschichte um den Osterhasen fand damit ihr jähes Ende. Nun war es nur noch das Christkind, an das ich als Geschenkbringer fest glaubte, und dies auch gegenüber anderen Kindern energisch verteidigte, die sich mit der Kenntnis brüsteten, es gebe gar kein Christkind. Insoweit wurde ich erst anlässlich meiner späteren Einschulung von den Eltern aufgeklärt, selbstverständlich einschließlich des religiösen Hintergrundes. Bis dahin hatte ich noch steif und fest behauptet, ich hätte durch das Schlüsselloch des Bescherungszimmers gesehen, wie etwas Weißes (»wie ein Engel«) durch das Zimmer geflogen sei.

Politisch waren die Jahre 1930–1932 gekennzeichnet durch das Ausklingen der Weimarer Republik. Zunächst flackerte die Hoffnung auf Normalität und Stabilität der Verhältnisse nochmals auf, als die letzten alliierten Truppen Mitte Juni 1930 – also fünf Jahre früher als im Versailler Vertrag von 1919 festgelegt – auch das Rheinland räumten. Die »Rheinlandbefreiung« wurde als Frucht der deutschen Friedenspolitik überall gefeiert. Andererseits stellten die hohen Reparationszahlungen, die Deutschland an die Siegermächte zu leisten hatte, nach wie vor eine schwere Belastung dar. Hinzu kam die im Zuge der Weltwirtschaftskrise auch in Deutschland ständig steigende Massenarbeitslosigkeit, die große Teile der Bevölkerung ins Elend stürzte und Anfang 1932 zum ersten Mal in der offiziellen Statistik die Sechs-Millionen-Grenze der Arbeitslosen überschritt. Die Landwirte bangten um ihre Existenz, da sie mit ihren Produkten auf dem Weltmarkt nicht mehr konkurrenzfähig waren. Handel und Gewerbe klagten infolge der schwindenden Kaufkraft der Bevölkerung über eine zunehmend schlechte Auftragslage. Dies alles leitete verbreitet eine Art Weltuntergangsstimmung ein und führte zu einem Anwachsen der radikalen Parteien (insbesondere der NSDAP und der KPD), zu oft gewalttätigen Ausschreitungen gegenüber Angehörigen der demokratischen Parteien und letztlich zu einer republikfeindlichen Staatskrise. Diese fand ihren Ausdruck darin, dass – bedingt durch mehrfache Reichstagsauflösungen und Neuwahlen mit unterschiedlichem Ausgang – die verschiedensten Minderheitenregierungen (Brüning, Papen, Schleicher) entstanden, die nur mithilfe von Notverordnungen des Reichspräsidenten nach Art. 48 der Reichsverfassung regieren konnten. Für meinen Vater als engagierten Anhänger des Zentrums war die ganze Entwicklung eine einzige Katastrophe, wie er – tapfer und leichtsinnig zugleich – auch in der späteren Nazizeit noch deutlich zum Ausdruck brachte.

Nur der Vollständigkeit halber seien für die Notzeit der beginnenden 30er-Jahre auch aus dem kulturellen Bereich einige Erinnerungsposten genannt. Der Tonfilm entwickelte sich rasant weiter und löste den Stummfilm endgültig ab, der regelmäßig von einem Pianisten begleitet wurde und zudem erklärende Texteinblendungen enthielt. Filme wie »Der blaue Engel« (mit Marlene Dietrich) und »Die Drei von der Tankstelle« (mit Heinz Rühmann) fanden regen Zuspruch. Zuckmayers Paradestück »Der Hauptmann von Köpenick« (mit Werner Krauss als Schuster Voigt) feierte am Deutschen Theater Berlin seine Uraufführung. Gehaltvolle Kunstausstellungen mit Werken von zeitgenössischen Künstlern wie Max Liebermann, Lovis Corinth, Max Slevogt und Paul Klee, die später von den Nazis als »entartete Kunst« verboten wurden und heute beliebte Sammelobjekte sind, erfreuten das kunstbeflissene Publikum. An technischen Errungenschaften erscheint bemerkenswert, dass der deutsche Schnelldampfer »Europa« für die schnellste Überquerung des Atlantischen Ozeans 1930 das »Blaue Band« erhielt und dass auf der Funkausstellung in Berlin 1931 der erste elektronische Fernsehempfänger mit Braunscher Röhre vorgestellt wurde. Beim Radio blieb es zunächst – obwohl inzwischen ein kombiniertes Gerät auf dem Markt war – verbreitet noch bei der Zweiteilung: Rundfunkempfänger und dazu passender Lautsprecher. Daran, dass 1931 auch die päpstliche Enzyklika »Quadragesimo anno« (betreffend die Entwicklung der katholischen Soziallehre) erschien und dass der Philosoph Karl Jaspers seine das Problem der menschlichen Freiheit behandelnde Schrift »Die geistige Situation der Zeit« herausbrachte, sei nur am Rande erinnert.

Wie schon an anderer Stelle erwähnt, hatte die Stadt Essen mehr noch als andere Gemeinden unter den Folgen der Wirtschaftskrise zu leiden, nicht zuletzt wegen der wachsenden Belastungen bei der Zahlung von Fürsorgeunterstützungen und wegen der sinkenden Steuereinnahmen infolge von Firmenzusammenbrüchen.

Die Zahl der Arbeitslosen in Essen stieg von 1929 bis 1932 um mehr als das Achtfache. Immerhin ist aus dieser Zeit aber auch zu berichten, dass 1932 die Zeche Zollverein – heute ein weithin bekanntes »Weltkulturerbe« – als modernste Schachtanlage Europas die Förderung aufnahm. Oberbürgermeister in Essen war damals noch Dr. Franz Bracht, der Mitte 1932 als Reichskommissar für Preußen nach Berlin ging und anschließend für allerdings nur kurze Zeit Reichsinnenminister wurde.

Eine persönliche Erinnerung habe ich an meine erste Schiffstour. Wir fuhren am 13. August 1932 mit einem Rheindampfer von Duisburg-Ruhrort nach Emmerich, um die Großeltern für eine Woche zu besuchen. Sie wohnten mit mehreren unverheirateten Kindern (Onkel Thies und den Tanten Henny, Else und Trudel) in einem kleinen Einfamilienhaus in der Arndtstraße, hatten einen großen Garten mit Obstbäumen und Beerensträuchern hinter dem Haus und – eine besondere Attraktion für uns Kinder – auf dem Dachboden eine ganze Galerie ausgestopfter Tiere. Schon wenn man von der völlig ruhigen Straße her durch die kleine Pforte das Anwesen betrat und den mit Blumen reich ausgestatteten Vorgarten durchschritt, war man in einer anderen Welt, die mir immer als besonders friedvoll und behütet erschien. Der Großvater trug meistens, obwohl längst im Ruhestand, noch seine Försterkluft. Er ging gemessenen Schrittes durch den Garten, zog im Wohnzimmer feierlich die alte Kuckucksuhr auf und betete regelmäßig auf einem Betschemel, der in einem neben dem Wohnzimmer gelegenen kleinen Herrenzimmer stand. Überall im Hause hingen Geweihe an der Wand. Die Großmutter in ihrem langen dunklen Gewand mit Spitzenkragen und Brosche saß, wenn sie nicht gerade in der Küche etwas aushalf, in ihrem Ohrensessel und strickte für uns jede Menge Strümpfe oder betete den Rosenkranz. Mein Gesamteindruck damals und auch bei vielen Besuchen in späteren Jahren war schlicht und einfach: eine heile Welt.

3. Kapitel

1933–1934

1933 begann das sogenannte »Dritte Reich«, die Herrschaft des Nationalsozialismus; es begannen zwölf Jahre, in denen die Würde des Menschen – heute als unantastbares Grundrecht durch Art. 1 GG geschützt – in kaum beschreibbarer Weise mit Füßen getreten wurde, eine Diktatur, deren Ausmaße für den größten Teil der Bevölkerung erst nach und nach zu erahnen war. Wer hatte schon Hitlers »Mein Kampf« gelesen, ein politisches Programm, das nach außen hin auf die gewaltsame Eroberung von »Lebensraum« (Schlagwort: »Volk ohne Raum«), nach innen hin auf die radikale Bekämpfung aller gegen die Parteidiktatur gerichteten Kräfte sowie – entsprechend dem krankhaften Judenhass Hitlers – auf die Vernichtung der Juden und allen »lebensunwerten Lebens« gerichtet war. In seinem Gedicht »An die Völker der Erde« hat Werner Bergengruen in ergreifender Weise geschildert, was die Menschen in diesen zwölf Jahren erlebt und erlitten haben. Seine Worte sind ein einziger Schmerzensschrei in die Welt hinaus, eine Welt, die er zur Besinnung ruft, vor einseitigen Schuldzuweisungen warnt und mit der letzten Zeile »Völker, vernehmt mit uns allen das göttliche Metanoeite!« dazu aufruft, nicht zu vergessen.

Aber beginnen wir mit dem Blick des Rückschauenden, mit der kleinen Welt des damals Fünfjährigen. Am 12. Januar 1933 – also knapp drei Wochen vor der »Machtergreifung« Hitlers – stand für unsere Familie, die im Juni als letzten Nachwuchs die kleine Hildegard erwartete, ein bedeutendes Ereignis an: der Umzug von der Ursulastraße 33 in die Kortumstraße 7, das heißt der Wechsel in eine deutlich größere Wohnung in unmittelbarer Nähe des Landgerichts. Die Eltern und die knapp dreijährige Schwester Maria fuhren mit dem Möbelwagen voraus, wir Jungs gingen an der Hand unserer »dicken Lene« zu Fuß hinterher. Als wir ankamen, waren die Möbel schon eingeräumt und Mutter schaute aus dem Fenster. Vor dem Hause stand ein Leierkastenmann, der uns mit seiner Drehorgelmusik begrüßte. Unsere Wohnung lag nunmehr (anders als die frühere) im Erdgeschoss. Im Hause wohnten nur noch drei (statt bisher sechs) Familien, und zwar wiederum – ebenso wie im Nachbarhaus – ausschließlich Beamtenfamilien. Wir erhielten ein großes Kinderzimmer, hatten ein von uns selbst zu bearbeitendes Beet im Garten und eine blinkende Teppichstange, an der wir uns in der Folgezeit mit allen möglichen Recküblungen verlustierten. Weitere Verbesserungen des neuen Domizils bestanden darin, dass zwei größere Keller und ein zusätzlicher Mansardenraum zur Wohnung gehörten und dass wir im Wohnzimmer einen großen Kamin vorfanden, der – durch eine besondere Klappvorrichtung in der Wand – auch das Kinderzimmer mitheizen konnte. Als besondere Attraktion erschien mir die in der Küche angebrachte Rufanlage, die von jedem Zimmer aus bedient werden konnte. Soviel ich mich erinnere, wurde hiervon aber nur im Krankheitsfalle oder an Festtagen, wenn im Wohnzimmer gegessen wurde, Gebrauch gemacht.

Bis zur Einschulung im April 1934 hatte ich noch mehr als ein Jahr völlig unbeschwerter Kindheit vor mir. Wir bekamen ein Kasperletheater geschenkt, probten eifrig die verschiedenen

Rollen und luden Nachbarskinder zu den Aufführungen ein. Auch entdeckte ich meine Freude am Gesang. Während die Mutter am Klavier saß und aus einem großen Notenheft fröhliche Melodien spielte, sangen wir begeistert »Der Mai ist gekommen«, »Alle Vögel sind schon da«, »Fuchs, du hast die Gans gestohlen« und viele andere Lieder mit. Direkt feierlich wurde es, wenn die Advents- und Weihnachtslieder an der Reihe waren. Die vorweihnachtliche Stimmung erhielt dabei durch das gemütliche Prasseln des neuen Kamins noch eine Steigerung. Auch lernten wir die ersten kleinen Gedichte, um sie an der Krippe aufzusagen. Erst wenn dies mit klopfendem Herzen geschehen und die Weihnachtslieder gesungen waren, durften wir uns der Bescherung zuwenden. War das ein Auspacken und Sichfreuen, ein gegenseitiges Bestaunen und Ausprobieren, begleitet von dem einen oder anderen temperamentvollen Überraschungsjuchzer! Dankbar denkt man an diese Stunden zurück, deren Vorbereitung für die Eltern zweifellos mit viel Arbeit verbunden war. Nach Weihnachten gingen wir immer mit dem Vater auf »Krippenschau«. Wir besuchten auf einem recht ausgedehnten Spaziergang verschiedene Kirchen in der näheren und weiteren Umgebung, sahen uns die jeweils aufgestellte Krippe an, sprachen ein Gebet und warfen ein Geldstück in den Opferstock. Mir gefiel dabei insbesondere ein wohl für die Mission gedachter Almosenkasten, auf dem sich die Figur eines »Negerleins« befand; wenn man eine Münze durch den Geldschlitz warf, nickte die Figur mit dem Kopf ein »Danke schön!«.

Drei jeweils mehrwöchige Besuche bei den Großeltern in Emmerich – teilweise bedingt durch einen längeren Krankenhausaufenthalt der Mutter – rundeten das letzte Vorschuljahr ab. Die Tanten machten mich mit der näheren Umgebung vertraut, führten mich zu dem alten Forsthaus am Rheinufer und berichteten allerlei aus der Familiengeschichte. So habe die Urgroßmutter das »zweite Gesicht« gehabt; sie habe mehrere Male Todesfälle und sonstige Ereignisse unter Angabe konkreter Einzelheiten vorausgesehen. Der Großvater habe als Erster in einer langen Ahnenreihe den Hof nicht übernehmen wollen; zur Begründung, warum er nicht Bauer werden wolle, habe er erklärt, er wolle nicht immer den Pferden in den Hintern schauen (= hinter dem Pflug hergehen). Von Onkel Thies lernte ich das Radfahren auf einem kleinen Damenrad, besuchte mit ihm das Kloster Hochelten auf dem Eltenberg und hörte gespannt zu, wenn er anhand der aufgehängten Geweihe und der ausgestopften Tiere im Hause von der Förstertätigkeit des Großvaters erzählte. Er war es wohl auch, der mir davon berichtete, dass es zwischen Wesel und Emmerich einen Ort »Bergerfurth« gibt, aus dem unsere Vorfahren stammen. Erst rund 50 Jahre später habe ich durch Nachforschungen im Hauptstaatsarchiv Düsseldorf und bei vielen anderen Stellen (Personenstandsarchiv Brühl, Stadtarchiv Wesel, Heimatmuseum Bislich, Pfarramt der Kirchengemeinde Bergerfurth usw.) Folgendes ermittelt:

Der Name Bergerfurth hat seinen Ursprung am Niederrhein, in der Gemeinde Bislich bei Wesel. Hier lag die Bauerschaft Bergen, ein Ortsteil von Bislich, unmittelbar an einem alten Rheinarm, der sogenannten Watley. Über die Watley führte eine Furt, die »Die Bergerfurth« genannt wurde. Sie lag an der Einmündung der Bergischen Straße in die alte Heerstraße (spätere Bundesstraße von Wesel nach Rees) und soll damals eine große Bedeutung gehabt haben. Aus dem Flurnamen wurde der – im 15. und 16. Jahrhundert bei mehreren beurkundeten Rechtsgeschäften genannte – Hofesname (»freieigenes Gut Bergerfurth im Kirchspiel Bislich«) und aus dem Hofesnamen letztlich der Familienname. Ältester nachgewiesener Vorfahr war der 1717 geborene Landwirt Rüdiger Bergerfurth, der 1782 in Bislich verstarb. Seine Nachkommen bis zu meinem Urgroßvater hin waren sämtlich ebenfalls Landwirte. Über alle Einzelheiten der Ahnenforschung habe ich inzwischen eine zweibändige Sammlung angelegt, in der sich viele von Standesämtern und Pfarrämtern beglaubigte Geburts-, Tauf-, Heirats- und Sterbeurkunden befinden. Erst später fiel mir auf, dass die Beglaubigungen zum größten Teil aus der Mitte des Jahres 1938 stammen. Offenbar sah mein Vater als Beamter damals die Notwendigkeit, auf diese Weise seine von der Nazi-Obrigkeit geforderte »arische Abstammung« zu belegen. Dem ständigen Druck der Behörde, in die Partei einzutreten, hat er sich stets widersetzt und damit manche Unbilden (unter anderem den Verzicht auf eine Beförderung) in Kauf genommen. Wie gefährlich jedwede Auflehnung gegen die Diktatur war, zeigt die Tatsache, dass beispielsweise ein Staatsanwalt aus Wuppertal, der den Eid auf den »Führer« verweigerte, ins Konzentrationslager (KZ) kam und dort später hingerichtet wurde.

Zurück zum Jahr 1934, wo für mich am 17. April die Schulzeit in der Christinenschule begann, einer katholischen Volksschule in Rüttenscheid. Ausgestattet mit einem Tornister, in dem sich Schiefertafel, Tafelschoner, Griffeldose und Schwammdose befanden und aus dem hinten ein von der Mutter gehäkelter Tafellappen herunterbaumelte, marschierte ich an der Hand meiner Mutter den relativ weiten Weg zur Schule, und zwar, wie ich noch genau weiß, etwas beklommen. Ich kam in die – übrigens nur aus Knaben bestehende – Klasse von Lehrer Heinrichs, einem liebenswürdigen und gemütlichen älteren Herrn, der auf der Margarethenhöhe wohnte und allgemein beliebt war. Bei ihm lernten wir das Schreiben auf der Schiefertafel mit angespitztem Griffel, und zwar die – auch »deutsche Schreibschrift« genannte – Sütterlinschrift (»rauf, runter, rauf, Pünktchen drauf«) sowie die Druckschrift in Großbuchstaben. Mein Bruder, der zwei Klassen über mir war, hatte mit seinem Lehrer kein solches Glück. Dieser war ein ausgesprochener Choleriker, der auf stramme Ausbildung Wert legte und die Schüler oft schon bei kleinen Vergehen mit dem Rohrstock strafte; er kam im Übrigen schon bald in brauner SA-Uniform zum Unterricht. Mit zwei Mitschülern freundete ich mich schnell an: Fried J., der in unserer Nachbarschaft wohnte, also denselben Schulweg hatte, und Kurt Sch., der später von der Sexta bis zum Abitur mit mir auf dem Burggymnasium war. Bei ihm hatte ich zum ersten Mal Gelegenheit, mit einer elektrischen Eisenbahn zu spielen. Wir drei blieben auch bei unserem Schulausflug, der kurz nach der Einschulung stattfand und uns zur Schillerwiese, zum Waldhaus und zur Kluse führte, eng beieinander. Unterwegs beobachteten wir eine Kreuzspinne, die in einer Hecke ihr Netz gespannt hatte und gerade eine Fliege, die sich darin verfing, regelrecht einwickelte und aus der Netzmitte wie ein Paket fortzog. Ich selbst fand ein vierblätteriges Kleeblatt und brachte es der Mutter mit heim.

Was mir an der Schule nicht gefiel, war die ständige Konfrontation mit den Schülern der benachbarten evangelischen Volksschule. Der Pausenhof war streng geteilt und die Trennungslinie durfte nicht überschritten werden. Immer wieder kam es zu unsinnigen wechselseitigen Beschimpfungen. Ich erinnere mich noch an die von unserer Seite her gerufenen geradezu peinlichen Spottverse: »Evangelische Ratten in Zucker gebacken, in Mehl gerührt, zum Teufel geführt«. Solche unverständlichen Geschehnisse sind wohl auch ein Indiz dafür, wie verhärtet und abgeschottet damals die Konfessionen in ihrem Verhältnis zueinander waren. Von Bemühungen um eine Ökumene war jedenfalls noch nichts zu spüren. Dabei fällt mir ein, dass ich auf dem Schulweg immer an einer seitlich der Alfredstraße gelegenen evangelischen Kirche vorbeikam und allzu gern einmal hineingeschaut hätte. Ich traute mich aber nicht, weil ich wusste, dass der Vater strikt dagegen war; die mit einer hohen Mauer umgebene und deshalb umso geheimnisvollere Kirche blieb für mich bis zuletzt eine Terra incognita.

In den Sommerferien durfte ich für fünf Wochen zu meinem Vetter Hans Platte nach Rathenow, der dort als einziger Lehrer im Ort tätig war und mit seiner Familie ein kleines Haus bewohnte. Ich bekam am Bahnhof ein Schild mit Namen, Heimatanschrift und Zielort um den Hals gehängt und fuhr mit einem Caritas-Transportzug die weite Strecke allein, also ohne einen mir bekannten Erwachsenen. Am Zielbahnhof holte mich der Vetter mit seinem Leichtmotorrad ab. Als sein Sozius habe ich dann manchen schönen Ausflug mitgemacht, so zur Havel, zum Wolzensee (mit Badegelegenheit) und zum Ferstesaersee, wo wir anderen beim Angeln zuschauten. Einmal sind wir auch mit dem Dampfer nach Döberitz gefahren. Dass ich erstmalig bei der Schlachtung eines Huhns dabei war, verwirrte mich etwas. Als ich äußerte, das Huhn habe nachher noch gezuckt, beruhigte mich der Vetter, das seien nur Reflexe; es sei schon vorgekommen, dass ein Huhn ohne Kopf noch aufs Dach geflattert sei. Stolz teilte ich meine Erlebnisse den Eltern in zwei mühsam erstellten Briefen mit, die ich – selbstverständlich mit Hilfe des Vetters – mit Bleistift in Druckschrift geschrieben hatte.

Und was geschah während all dieser Zeit (1933/34) politisch und wirtschaftlich in Deutschland? Kurz gesagt: Aus einer zugegeben schwachen Demokratie wurde in kürzester Zeit eine sich aufblähende Diktatur. Ein radikaler Umbruch erfolgte, wie er in der Art seiner Durchführung sowie in seinen Folgen tiefgreifender nicht sein konnte. Zwar war anfangs noch die Hoffnung »Es kann nur besser werden« verbreitet, aber alsbald schon ging die Angst um. Ein Volk lernte Strammstehen und Schweigen.

Zu den Einzelheiten:

Nach Rücktritt der Kabinette Papen (17. November 1932) und Schleicher (28. Januar 1933) ernannte Reichspräsident Hindenburg am 30. Januar 1933 Adolf Hitler zum Reichskanzler. Vizekanzler wurde der frühere Reichskanzler Franz von Papen (Zentrum), der ebenso wie viele andere die Hoffnung hegte, er werde den nach Alleinherrschaft strebenden Hitler in Schach halten können, da dessen Kabinett nur aus drei NSDAP-Mitgliedern gegenüber acht konservativen Ministern bestand. Er hatte sich jedoch gründlich getäuscht. Schlag auf Schlag verstand es Hitler, seine Macht auszubauen. Am 1. Februar unterzeichnete Hindenburg auf Vorschlag Hitlers die Verordnung zur Auflösung des Reichstags. Den nachfolgenden Reichstagsbrand am 27. Februar nutzte Hitler für seine Pläne aus. Durch die Verbreitung der offiziellen Version, die Kommunisten hätten den Reichstag angesteckt, schaffte er den äußeren Anlass zu umfangreichen Verfolgungen. Ob der geständige Niederländer Marinus van der Lubbe, der am Tatort verhaftet und später hingerichtet wurde, der Alleintäter war, wurde nie geklärt. Jedenfalls folgte dem Reichstagsbrand schon am 28. Februar die Notverordnung des Reichspräsidenten »zum Schutze von Volk und Staat«, durch die wichtige

Grundrechte der Reichsverfassung (zum Beispiel die Vereins- und Versammlungsfreiheit) außer Kraft gesetzt und die Androhung der Todesstrafe erheblich ausgeweitet wurden.

Am 5. März 1933 fanden Reichstagswahlen statt, die – nicht zuletzt bedingt durch die Massenarbeitslosigkeit und die von Goebbels massiv betriebene Propaganda – der NSDAP einen deutlichen Anstieg an Wählerstimmen brachte und zusammen mit den Stimmen der Deutschnationalen eine knappe Mehrheit sicherte. Am 24. März schließlich stimmte der Reichstag dem »Gesetz zur Behebung der Not von Volk und Reich« zu, durch das die Regierung ermächtigt wurde, Rechtsverordnungen mit Gesetzeskraft ohne Mitwirkung des Parlaments zu erlassen. Damit war auf äußerlich legalem Wege der totalitäre Führerstaat endgültig installiert.

Was nun folgte, diente alles mehr oder weniger der Stabilisierung dieses Führerstaates und der Umsetzung der nationalsozialistischen Pläne. In Stichworten handelte es sich dabei um Folgendes:

Errichtung der ersten Konzentrationslager in Oranienburg und Dachau (März 1933).

Anordnung des Boykotts jüdischer Geschäfte, Ärzte und Rechtsanwälte (1. April 1933) mit antijüdischen Ausschreitungen der verschiedensten Art, auch öffentliche Verbrennung von Büchern jüdischer Autoren wie Schnitzler, Zweig und Döblin. In Essen hatten SA-Leute bereits am 8. März 1933 jüdische Geschäfte für einen Tag geschlossen. Jüdische Staatsanwälte und Richter wurden mit sofortiger

Wirkung beurlaubt, jüdischen Rechtsanwälten ein Hausverbot und jüdischen Notaren ein Betätigungsverbot erteilt.

Neugliederung der Hitler-Jugend durch Reichsjugendführer Baldur von Schirach (1. April 1933): »Deutsches Jungvolk« (DJ) für die Jungen von 10 bis 14 Jahren (»Pimpfe«), »Hitler-Jugend« (HJ) für die Jungen von 14 bis 18 Jahren (mit entsprechenden Regelungen für die Mädchen).

Aufhebung der Gewerkschaften und Bildung der »Deutschen Arbeitsfront« (2. Mai 1933).

Gesetz »zur Wiederherstellung des Berufsbeamtentums« (Mai 1933), durch das »Nichtarier« ausgeschlossen wurden.

Auflösung aller Parteien außer der NSDAP (Juni/Juli 1933).

Einführung des deutschen Grußes = Erheben des rechten Armes und gleichzeitig mündliches »Heil Hitler«! (Juli 1933), ab 8. August 1933 auch für Lehrer und Schüler obligatorisch.

Anordnung des Führerprinzips bei allen Studentenorganisationen (Juli 1933).

Im Mittelpunkt der Funkausstellung in Berlin, die von Reichspropagandaminister Goebbels eröffnet wurde, stand der neue Volksempfänger »VE 301« (18. August 1933), der vom Volksmund spöttisch »Goebbelsschnauze« genannt wurde und alsbald zum wichtigsten Instrument der nationalsozialistischen Propaganda wurde.

Austritt Deutschlands aus dem Völkerbund und Verlassen der Genfer Abrüstungskonferenz (14. Oktober 1933).

Reichstagswahlen (12. November 1933). Die Einheitsliste der NSDAP erhielt 92 Prozent der abgegebenen Stimmen.

Gesetz »über den Neuaufbau des Reiches« (30. Januar 1934), durch das die Volksvertretungen der Länder aufgehoben wurden und deren Hoheitsrechte auf das Reich übergingen (sogenannte »Gleichschaltung«).

»Heimtückegesetz« (April 1934) und zu dessen Durchführung sofortige Einrichtung des Volksgerichtshofs, gegen dessen Urteile kein Rechtsmittel zulässig war.

Ernennung Himmlers zum Chef der Geheimen Staatspolizei = Gestapo in Preußen (20. April 1934).

Röhm-Affäre (30. Juni 1934). Hitler – der zwei Tage zuvor noch in Essen war (Rede vor den Kruppianern und Teilnahme an der Trauung des Gauleiters Terboven) – ließ den Stabschef der SA und weitere hohe SA-Führer wegen angeblicher Verschwörung ohne gerichtliches Urteil umbringen und »rechtfertigte« sein Verhalten nachher in einer Rede vor dem Reichstag damit, er habe als oberster Gerichtsherr des deutschen Volkes gehandelt.

Einführung des Jugendstaatstages (1. August 1934), wonach die Schulen auf den HJ-Dienst von Schülern am Mittwochabend und am Samstag Rücksicht zu nehmen hatten.

Nach dem Tode Hindenburgs (2. August 1934) übernahm der »Führer und Reichskanzler Adolf Hitler« auch die Befugnisse des Reichspräsidenten. Ab sofort wurde der Fahneneid nicht mehr auf die Verfassung, sondern auf Adolf Hitler persönlich geleistet.

Wenn man sich diese Entwicklung von knapp zwei Jahren vor Augen hält, fragt man sich unwillkürlich, wie konnte es dazu kommen? Wie konnte ein solcher Machtmensch wie Adolf Hitler, dessen totalitäre Politik eindeutig auf die Beseitigung des Rechtsstaats gerichtet war, in der Bevölkerung so viel Zustimmung finden? Argumente der verschiedensten Art drängen sich auf. Für die Propaganda war es ein Leichtes, die unzumutbaren Bedingungen des Versailler Vertrages und die Missstände in der Weimarer Republik überzeugend anzuprangern. Hinzu kam der Prestigegewinn für Hitler durch den Abschluss des Reichskonkordats vom 20. Juli 1933, wonach zunächst der Eindruck erweckt wurde, Hitler sei dem Katholizismus deutlich entgegengekommen und sei weder unchristlich noch kirchenfeindlich. Entscheidend für den Stimmungswandel der Bevölkerung war aber wohl die erfolgreiche Bekämpfung der Massenarbeitslosigkeit, die noch Anfang 1933 mit rund sechs Millionen Arbeitslosen als das eigentliche Kernübel angesehen wurde und für ständige Unruhe gesorgt hatte. Durch riesige Arbeitsbeschaffungsmaßnahmen (unter anderem Straßen- und Autobahnbau) wurde innerhalb von drei Jahren praktisch Vollbeschäftigung erreicht. Darüber, dass bei manchen Bauvorhaben reine Parteiinteressen (zum Beispiel beim Monumentalausbau des Reichsparteitagsgeländes in Nürnberg) oder auch militärstrategische Überlegungen (zum Beispiel beim Ausbau des Straßennetzes) eine Rolle spielten, machte sich kaum jemand Gedanken. Das Gleiche gilt für manche Arbeitsbeschaffungsmaßnahme in der Wirtschaft, die gezielt der Wiederaufrüstung diente. Nach außen hin verstand es Hitler, durch Bündnisse aller Art (deutsch-polnischer Nichtangriffspakt oder Viermächtepakt mit Italien, Frankreich und Großbritannien) die Welt zu beruhigen, nach innen hin durch feierliche Großveranstaltungen (Festakt am »Tag von Potsdam«, Reichsparteitage) sein Ansehen und seine Macht zu festigen. Fazit: Ende 1934 hatte Hitler die »Volksgenossen« fest im Griff; seine Stellung war unanfechtbar geworden.

4. Kapitel

1935–1936

Für das achte Lebensjahr nimmt die Breite der persönlichen Erinnerungen zu. Selbstverständlich kann auch dann keine fotografische Wiedergabe des Erlebten erwartet werden. Manches hat das Gedächtnis nur unvollkommen gespeichert, anderes erscheint im Laufe der Zeit unbemerkt neu gewichtet, wieder anderes ist durch das Sieb des Vergessens gefallen. Zwar sind Aufzeichnungen, Familienfotos und sonstige Unterlagen hilfreich, um die Erinnerung an bestimmte Daten und Fakten aufzufrischen. Erzählen kann man aber nach so vielen Jahren nur das, was letztlich sine ira et studio als Bild des Erlebten geblieben ist.

Am 28. April 1935 fand meine Erstkommunion in der Ludgeruskirche in Rüttenscheid statt. An sich war ich altersmäßig noch nicht an der Reihe, sondern der Jahrgang meines knapp zwei Jahre älteren Bruders. Da die Eltern aber aus guten Gründen ein einheitliches Fest wünschten, ging ich als wohl Jüngster der über siebzig Erstkommunikanten mit. Auf dem vor der Kirche aufgenommenen offiziellen Festfoto sind auch Dechant Zarth und drei seiner vier Kapläne zu sehen, wir Jungs überwiegend mit Matrosenanzug, weißem Gesteck an der Brust und langen schwarzen Strümpfen. Nur die Kopfbedeckungen waren unterschiedlich. Klaus und ich trugen Baskenmützen, die meisten dagegen Schirmmützen. Die Vorbereitungen (Beicht- und Kommunionunterricht) waren recht aufregend, besonders die erste Beichte bei Kaplan

Platzbecker. Da Sieben- bis Neunjährige im Regelfall weder töten noch des Nächsten Weib begehren, hatten wir einen Kinder-Beichtspiegel bekommen, der vor der Beichte (durch Gewissenserforschung) und dann in der Beichte selbst im Einzelnen abgearbeitet werden mußte. Zanken mit dem Bruder, Widerworte bei elterlicher Ermahnung oder Zuspätkommen zur Messe – alles kam aufs Tapet. Wenn ich den Beichtstuhl verließ, fühlte ich tatsächlich so etwas wie Erleichterung. Sicher hat dabei aber die Freude, dass die unangenehme Prozedur zu Ende war, mit eine Rolle gespielt.

Von dem eigentlichen Erstkommuniontag habe ich nur noch in Erinnerung, dass der geprobte Ablauf in der Kirche sorgfältig eingehalten werden musste und dass ich nachher bei der Aufnahme des Fotos vor der Kirche einen Rüffel erhielt, weil ich meine Mütze nicht aufsetzen wollte. Weiter weiß ich noch genau, dass wir anschließend zu Hause ein schönes Familienfest gefeiert haben und dass ich dabei eine Uhr und ein mit Monogramm versehenes Essbesteck geschenkt bekam. Letzteres habe ich übrigens 1944 nach unserem totalen Bombenschaden aus den Trümmern retten können und besitze es noch heute. Im Anschluss an die Erstkommunion wurde ich Chorknabe (»Apostel«) in der Ludgeruskirche, eine Vorstufe des späteren Messdienerdaseins.

Die Ausführungen über die Erstkommunion geben Veranlassung, das damalige religiöse Umfeld zu Hause etwas näher zu beleuchten. Das Morgen- und Abendgebet, kniend vor dem Bett verrichtet, sowie das Beten vor und nach dem Mittagessen waren eine Selbstverständlichkeit. Der streng gläubige Vater ging jeden Morgen zur Frühmesse, war als Vorbeter tätig und half beim

Kollektieren, gelegentlich auch beim Messedienen. Später kamen die von ihm organisierte nächtliche Anbetung in der Anbetungskirche St. Johann sowie der Bußgang der Männer hinzu. Wir Jungs hatten, nachdem wir Messdiener geworden waren, mehrmals in der Woche Dienst nach schriftlichem Plan, der in der Sakristei aushing und in dem die Mitwirkung bei Hochämtern, Messen und Andachten genau festgelegt war. Zu den weiteren Selbstverständlichkeiten in der Familie gehörten Maiandachten, Kreuzwegbeten und Rosenkranzandachten. In jedem Zimmer unserer Wohnung hing neben dem Kreuz ein kleines Becken mit Weihwasser, mit dem man sich bekreuzigte, wenn man die Wohnung verließ. Am Aschermittwoch holten wir uns in der Kirche das Aschenkreuz und ließen es – so wie der Vater auch, wenn er zum Dienst ging – als unserer Meinung nach couragiertes Bekenntnis beim Gang zur Schule auf der Stirn. In der Fastenzeit wurden – mit Ausnahme des Sonntags Laetare – keine Süßigkeiten gegessen, sondern in einer Bonbondose gesammelt. Verstieß ich hiergegen, hatte ich beim nächsten Mal wieder etwas zu beichten. Besondere Ereignisse waren die Fronleichnamsprozessionen und, worauf ich mich immer freute, die Fußwallfahrten nach Hardenberg (Neviges). Dort gab es ein spannendes Missionsmuseum, in dem von »Negerkindern« die Rede war und bei meinem Bruder den Wunsch wach werden ließ, später einmal in die Mission zu gehen. Die Mutter machte die Wallfahrt nicht zu Fuß mit, sondern kam mit dem Zug nach und brachte die kleinen Schwestern und auch Verpflegung für uns alle mit. Nach der Pilgermesse wurde in einem kleinen Lokal (»heißes Kaffeewasser für die Familie«) gefrühstückt; anschließend durften wir – für mich immer ein Höhepunkt der Wallfahrt – zwischen einer Lakritzstange und einem Eishörnchen wählen. Zu Hause haben Klaus und ich oft »Messe gespielt«. Die lateinischen

Messgebete konnten wir beide perfekt. Abwechselnd haben wir »gepredigt« und »zelebriert«. Die Eltern, die Schwestern und ein etwa anwesender Verwandtenbesuch waren die Kirchengemeinde. Abends drückte uns die Mutter, wenn wir gute Nacht sagten, ein Kreuz auf die Stirn.

All dies hat mich als Kind offen gestanden nicht gestört. Im Gegenteil, ich habe mich ausgesprochen wohlgefühlt, wusste ich mich doch in der Gemeinschaft Gleichgesinnter, nicht nur innerhalb der Familie, sondern auch in der damals noch sehr aktiven Pfarrgemeinde. Dass es üblich war, beim Vorbeigehen an einer katholischen Kirche den Hut zu ziehen und sich, wenn ein Geistlicher (mit Messdiener und Glöckchen) beim Versehgang sich näherte, auf offener Straße niederzuknien, erschien unter diesen Umständen nicht als Besonderheit. Dennoch fand ich bereits damals einiges übertrieben: So verstand ich nicht, dass man »Palmzweige« (Buchsbaumsträußchen), die am Palmsonntag in der Kirche geweiht wurden und die wir hinter unsere Kreuze gesteckt hatten, nach Ablauf eines Jahres nicht mit dem Abfall entsorgen durften; sie mussten im Garten vergraben oder verbrannt werden. Überhaupt wurde alles »Geweihte« (ob Rosenkranz, Marienmedaille oder Mitbringsel aus Kevelaer) mit einem so eigenartigen Fluidum von Verehrung umgeben, dass mir eine richtige Einordnung schwerfiel. Weiter hatte das Nüchternheitsgebot für mich jedenfalls dann keinen Sinn, wenn man beim Zähneputzen am Morgen vor dem Kirchgang versehentlich Wasser geschluckt hatte und dann mit schlechtem Gewissen zur Kommunion ging. Auch wollte mir der sogenannte Portiuncula-Ablass nicht einleuchten, wenn jemand am 2. August in verschiedenen Kirchen bestimmte Gebete verrichtete, um den Ablass mehrfach zu erwerben. Gesagt habe ich aber nichts. Manche

Dinge aus der Erwachsenenwelt, mochten sie auch unverständlich erscheinen, hat man als Kind ganz einfach hingenommen, ohne sie zu hinterfragen oder auch nur hinterfragen zu können. Trotz allem: Die Religion und die Art und Weise, wie sie zu Hause und in meinem sonstigen Umfeld praktiziert wurde, hat mir das Gefühl einer großen Geborgenheit gegeben. Ich bin sicher, dass dieses damals erworbene Gottvertrauen – ohne jede Frömmelei – in den schweren Jahren, die bald folgen sollten, für mich eine große Hilfe in jeder Lage und gleichsam ein innerer Schutzwall gegen die Naziideologie war. Hitler-Jugend, Luftwaffenhelferzeit, Bombennächte, Arbeitsdienst, Wehrmacht und Fronteinsatz – mit allem bin ich letztlich relativ gut fertig geworden. Dass mit dem Erwachsenwerden Glaubenszweifel der verschiedensten Art nicht ausblieben, steht dabei auf einem anderen Blatt.

Was gibt es sonst noch Privates aus den Jahren 1935/36 zu berichten? Das Zeugnis nach dem ersten Schuljahr fiel gut aus. Es gab Kopfnoten (Betragen, Fleiß, Aufmerksamkeit, Ordnungsliebe) und Leistungsnoten (Religion, Deutsch mündlich, Deutsch schriftlich, Rechnen, Musik, Turnen). Der Vater war zufrieden und hielt in seinen Aufzeichnungen fest: »1× lobenswert, 4× sehr gut, sonst alles gut«. Im zweiten Schuljahr nahmen wir so langsam Abschied von der Schiefertafel und durften schon mit Tinte ins Heft schreiben. Wir saßen zu vier Schülern nebeneinander in einer Bank und hatten jeder ein kleines Tintenfass vor uns, das in die Bank eingelassen war und immer nachgefüllt wurde. Den Federhalter, der aus Holz bestand und mit einer breiten oder spitzen Feder bestückt werden konnte, brachte jeder Schüler in seiner Griffeldose mit. Wenn ich mir heute das offizielle Klassenbild (mit Lehrer Heinrichs und immerhin 57 Schülern!) anschaue, fallen mir mit einem Mal eine ganze Reihe von Namen ein, an die ich seit siebzig Jahren nicht mehr gedacht habe. Das menschliche Gedächtnis ist doch ein eigenartiges Reservoir! So weiß ich zum Beispiel nichts mehr von meiner Firmung durch Weihbischof Dr. Stockums und auch nichts mehr von der Ausstellung »Mensch und Tier«, die am 10. Juli 1935 in Essen stattfand und die ich besucht haben muss; denn am nächsten Tag wurde in der Zeitung über die Ausstellung mit einem großen Bild berichtet, auf dem ich Eis schleckend bei der Besichtigung von Pferden zu sehen bin.

Im August 1935 durfte ich zusammen mit meinem Bruder Klaus zu dem bereits erwähnten, von »Tante Maria« Ehlen organisierten Ferienaufenthalt nach Neuharlingersiel. Unser Lagerleiter hieß Pater Johannes. Im Kreise zahlreicher Kinder verbrachten wir vier herrliche Wochen an der Nordsee mit Überfahrten nach Spiekeroog, Langeoog und Wangerooge, mit Kasperletheater im Freien und Wetteifern im Sandburgenbauen. Besonderen Spaß machte mir das Krabbenpulen, bei dem man schnell eine gewisse Fingerfertigkeit entwickelte. Eine Tüte voll köstlich schmeckender Krabben bekamen wir schon für einen Groschen. Weniger schön fand ich es, dass mich bei einer Kahnfahrt auf dem Siel größere Jungs einfach ins Wasser warfen, um mir das Schwimmen beizubringen. Immerhin gab der Erfolg ihnen recht: Seitdem kann ich schwimmen. Nach den Ferien trafen sich alle Spielkameraden mit ihren Eltern in Düsseldorf, um Erinnerungen, Fotos und dergleichen auszutauschen. Das Treffen stand unter dem Motto: »Überhaupt, überhaupt, es war schöner, als man glaubt«.

Zu Hause passten sich die Spiele auf der Straße allmählich dem zunehmenden Alter an. Nach der Tretrollerzeit und dem »Knickern« spielten wir nunmehr Fußball mit einem richtigen Lederball, außerdem Völkerball und Handball, die Mädchen am liebsten das Rate- und Wurfspiel »Stadt, Land, Fluss« oder das Geschicklichkeitsspiel »Probe«, bei dem mit Kopf, Arm und Brust der Ball so lange wie möglich an die Häuserwand gespielt wurde. Sehr beliebt war auch das Rollschuhlaufen, nachdem wir Rollschuhe, die jeweils mit einem besonderen Schlüssel an die Stiefel angeschraubt wurden, geschenkt bekommen hatten. Wir sprangen im Schlusssprung über Kanaldeckel, machten auf der nach wie vor meist autofreien Straße Wettrennen und übten uns in ersten kleinen Kunstfiguren. Auch schnitzten wir uns aus Astgabeln kleine Schleudern, bestückten sie mit Gummiband und veranstalteten Wettschießen, wobei eine leere Dose mit Kugeln aus Silberpapier getroffen werden musste. An einen Spielunfall anderer Art kann ich mich noch gut erinnern: Ich lief auf einen Jungen zu, den ich fangen wollte und der vor einer Hausecke stand. Im letzten Augenblick sprang er zur Seite, sodass ich mit dem Kopf gegen die Mauerecke prallte und sogleich stark blutete. Das »Loch im Kopf« wurde von unserem Hausarzt Dr. Norpoth mit einer Silberklammer geschlossen und der Scheitel von da an auf die rechte Seite verlegt, um die Narbe zu verdecken.

Auch die Kleidung hatte sich dem Alter angepasst. Wir trugen jetzt kurze Hosen mit Seppl-Hosenträgern und Kniestrümpfen. »Borbecker Halblang« war verpönt. Besonders schick fanden wir auf die Stiefel heruntergerollte Doppelsocken. Überall merkte man, dass man kein Kleinkind mehr war. Während es früher bei Tisch immer hieß, »Kinder sprechen nur, wenn sie gefragt sind«, wurden wir nunmehr in die Tischgespräche einbezogen. Tischmanieren mussten selbstverständlich eingehalten werden: mit dem Essen erst anfangen, wenn alle Teller bedient sind; keine Schimpfwörter und kein Rülpsen bei Tisch; fragen, wenn man zwischendurch einmal aufstehen wollte. Mit dem Vorsprechen des Tischgebetes wechselten wir uns regelmäßig ab, konnten den Text aber selbst wählen. Gründlich gebadet wurde jeden Samstag. Danach gab es Zwiebackbrei, entweder mit Milch und Zucker oder mit Kakao. Die Wäsche für den nächsten Tag legte die Mutter abends jedem auf den Stuhl, der neben dem Bett stand. Stets wurde auf Ordnung und Sauberkeit geachtet. Die heute manchmal kritisch ironisierten »Sekundärtugenden« Pünktlichkeit, Pflichtbewusstsein und Disziplin waren für uns Kinder – wenn auch im Alltag allzu oft nicht beachtet – als Postulate eine Selbstverständlichkeit.

Ende des zweiten Schuljahres wurde für Kinder, die auf ihrem Schulweg die beiden Hauptstraßen in Rüttenscheid überqueren mussten, eine Umschulung erforderlich. Meine Eltern erhielten am 27. April 1936 – dem Tag meines letzten Gangs zur Christinenschule – folgendes Schreiben:

> Um das Leben und die Gesundheit der Kinder durch Vermeiden der Verkehrs- und Unfallachse der Alfred- und Herm.Göringstr. zu schützen, werden einige Kinder zur kath. Schule 21 umgeschult. Dazu gehört auch Ihr Kind. Ich bitte, Ihr Kind der Bardelebenschule zuzuführen.
>
> *Heil Hitler!*
> *gez. Kaufmann, Rektor*

Schon am nächsten Tag begann für mich der Unterricht in der Bardelebenschule in Holsterhausen. Die Schule lag gleich neben der BMV, einer von Augustiner-Klosterschwestern geleiteten höheren Mädchenschule, die für mich in zweifacher Hinsicht besondere Bedeutung erlangt hat. Zum einen wurde ich nunmehr für mehrere Jahre Messdiener an der Klosterkirche; zum anderen handelt es sich um die Schule, die – wenn auch in großen zeitlichen Abständen – meine Mutter, meine Schwester Maria, meine Tochter Angela und meine Enkeltochter Nicola besucht haben, also immerhin vier Generationen der Familie. Durch die Umschulung war mein Schulweg erheblich verkürzt und völlig ungefährlich geworden. Ich kam in die Klasse von Lehrer Ziemons, einem ausgesprochen angenehmen Pädagogen, der zwar streng, aber verständnisvoll und gerecht war und aus seiner Abneigung gegen Hitler-Jugend und alles, was damit zusammenhing, keinen Hehl machte. Demgegenüber verlangte der stellvertretende Rektor, bei dem wir Turnen hatten, ein »zackiges Benehmen« und war auch schnell dabei, mit dem Rohrstock zu strafen. Einmal hat es mich erwischt. Wir standen in einer Reihe hintereinander mit Turnschuhen in der Hand, um zum Sportunterricht zu gehen. Trotz vorhergehender Ermahnung, ganz ruhig in Reih und Glied stehen zu bleiben, konnte ich es nicht lassen, meinem Vordermann einen Klaps mit dem Turnschuh zu geben. Wie zu erwarten, fand sofort die Strafaktion statt. Ich musste mich über eine Schulbank nach vorne beugen und bekam mehrere Stockschläge auf den glatt gezogenen Hosenboden. Das Feixen der Mitschüler war schmerzhafter als die Prügel.

Im Sommer 1936 machte die sechsköpfige Familie ihren ersten gemeinsamen Urlaub, und zwar in Willebadessen im Eggegebirge. Ein Erlebnis war schon auf der Hinreise die bisher nicht gekannte Taxifahrt zum Bahnhof. Im Gasthaus und zugleich Bauernhof Schroeder fanden wir freundliche Aufnahme. Nach einem ersten Besuch der Dorfkirche durften wir uns in Haus und Garten tummeln. Meine größte Freude war es, mit »Onkel Anton« aufs Feld zu fahren, dort die beiden Pferde Max und Moritz (Letzteres im Ersten Weltkrieg erblindet) vor den Pflug zu spannen und vorne zu führen. Von da an stand für mich fest: Ich möchte Bauer werden. Ob bei der Ernte oder im Stall, alles machte mir Spaß, mehr noch als die große Tagestour, die uns über Karlsschanze und Blankerode nach Westheim führte. Zur Erinnerung an die schönen Ferien und wohl als Ausdruck meines neuen Berufswunsches nahm ich von den vier Getreidesorten (Weizen, Roggen, Gerste, Hafer) je eine Ähre mit nach Hause. Das Sträußchen hing noch jahrelang über meinem Bett neben einem großen Bild vom Bamberger Reiter (am Rande: Als ich diesen später im Bamberger Dom oben vor einer dicken Säule in natura sah, war ich etwas enttäuscht; ich hatte ihn mir erheblich größer vorgestellt).

Das Jahr 1936 endete für mich mit einem musikalischen Ereignis. An der Folkwangschule war von der Abteilung für katholische Kirchenmusik ein Übungschor eingerichtet worden unter der Leitung des Domkapellmeisters Rehmann aus Aachen. Da ich gerne sang und in Musik stets eine gute Note hatte, wurde ich in diesen Chor aufgenommen und hatte dort im November meine erste Probe. Herr Rehmann veranstaltete übrigens später im großen Saal des städtischen Saalbaus auch ein Konzert mit dem Aachener Domchor, das ich zusammen mit Vater und Klaus als Zuhörer besuchte.

Nun zu den politischen und sonstigen Geschehnissen, die sich 1935/36 – im Wesentlichen noch außerhalb der kindlichen Wahrnehmung – in Deutschland abspielten:

Das Jahr 1935 begann mit einer überzeugenden Entscheidung der saarländischen Bürger. Sie stimmten mit einer imposanten Mehrheit von über 90 Prozent der Wähler für einen Wiederanschluss des Saargebietes, das durch den Versailler Vertrag für 15 Jahre unter Völkerbundsverwaltung gestellt war. Dass Goebbels es verstand, dieses vom Völkerbund überwachte Wahlergebnis als ersten großen außenpolitischen Erfolg Hitlers propagandistisch auszuschlachten und bei der Übergabe des Saargebietes an das Deutsche Reich am 1. März durch Großveranstaltungen frenetisch zu feiern, lag auf der Hand. Am 16. März folgte die Wiedereinführung der allgemeinen Wehrpflicht, wonach das deutsche Friedensheer eine Truppenstärke von 500.000 Mann erhalten sollte. Damit unterlief Hitler die Rüstungsbeschränkungen des Versailler Vertrages und löste eine verbreitete Bestürzung im Ausland, wenig später auch eine Verurteilung des Vertragsbruchs durch den Völkerbund aus. Dies alles blieb aber ohne Folgen, zumal Hitler beteuerte, die nationale deutsche Aufrüstung sei kein Instrument kriegerischen Angriffs, sondern diene ausschließlich der Verteidigung und damit der Erhaltung des Friedens. Mit dem anschließenden weiteren Aufbau von Wehrmacht, Luftwaffe und U-Boot-Flotte wurde die seit der Machtübernahme insgeheim betriebene Aufrüstung nun auch nach außen hin klar erkennbar. Zu dieser weiteren Aufrüstung gehörte übrigens nicht zuletzt die Entwicklung von Krupps überschwerem Eisenbahngeschütz »Dora« mit einem Kaliber von 82 Zentimetern, das Hitler 1936 bei dem Chefkonstrukteur der Kruppschen Geschützabteilung (»Kanonen-Müller«) in Auftrag gegeben hatte und das später gegenüber der sowjetischen Festung Sewastopol (auf der Halbinsel Krim) zum Einsatz kam. 1936 war es auch, dass deutsche Soldaten ohne ernstlichen Widerspruch des Auslands in Essen einmarschierten, das – ebenso wie das insgesamt entmilitarisierte Rheinland – seit Mitte 1930 nicht mehr von fremden Truppen besetzt war.

Wenn man sich fragt, wie es Hitler praktisch ohne Gegenwehr gelungen ist, immer weiter aufzurüsten und umfangreiche Kriegsvorbereitungen zu treffen, muss man zweierlei berücksichtigen:

Zum einen war es nach außen die Beruhigungs- und Beschwichtigungspolitik, die die anderen Staaten gleichsam in einer Starre verharren ließ. Zu nennen ist hier insbesondere das im Juni 1935 abgeschlossene Flottenabkommen mit Großbritannien, das dem Deutschen Reich – entgegen dem Versailler Vertrag – die Seerüstung in einem bestimmten Umfang (bis zu 35 Prozent der britischen Flottenstärke) ausdrücklich gestattete und durch dessen Abschluss Großbritannien hoffte, den Frieden sichern zu können. Diese Strategie des sogenannten »Appeasement« praktizierten Frankreich und Großbritannien auch gegenüber Italien, das 1935/36 seinen Kolonialkrieg gegen Abessinien (heutiges Äthiopien) so gut wie ungehindert führen konnte und anschließend die »Achse Berlin-Rom« (freundschaftliche Zusammenarbeit des nationalsozialistischen Deutschen Reiches und des faschistischen Italiens) ermöglichte. Die gemeinsame Unterstützung Francos im spanischen Bürgerkrieg (ab Juli 1936) durch Hitler und Mussolini festigte die deutsch-italienische Zusammenarbeit in einer Weise, dass es im Mai 1939, also kurz vor dem Ausbruch des Zweiten Weltkrieges, zu einem festen politisch-militärischen

Bündnis zwischen Deutschland und Italien kam, dem sogenannten Stahlpakt.

Zum anderen war es nach innen (wie bereits erwähnt) in erster Linie die immer schnellere Überwindung der Arbeitslosigkeit durch Arbeitsbeschaffungs- und Rüstungsmaßnahmen der verschiedensten Art, weiterhin der ständige Appell an die Vaterlandstreue, an die Kameradschaft innerhalb der Volksgemeinschaft und an die Opferbereitschaft im Interesse der Wiederherstellung der deutschen Ehre, schließlich auch die geschickte Ausnutzung des Ansehens, das das Deutsche Reich durch die Ausrichtung der Olympischen Sommerspiele in Berlin (1. bis 16. August 1936) allgemein erwarb. Die Olympiade, die erstmals in Deutschland stattfand und ab Januar 1935 mit großem Aufwand organisiert wurde, brachte auch von der bombastischen Durchführung und vom sportlichen Ergebnis her (Medaillenspiegel) einen deutlichen Prestigegewinn. Essener Sportler konnten übrigens, wie am Rande erwähnt sei, vier Olympiamedaillen gewinnen. Dass der farbige amerikanische Leichtathlet Jesse Owens überragender vierfacher Goldmedaillengewinner wurde und dadurch schon bald viel bewundertes Vorbild bei jugendlicher Sportbetätigung war, soll dem rassistisch verklemmten »Führer« sehr gegen den Strich gegangen sein.

Ein katastrophaler Vorbote der nachfolgenden massiven Judenverfolgung war der Reichsparteitag 1935, auf dem die antisemitischen »Nürnberger Gesetze« verkündet wurden: Das »Reichsbürgergesetz«, nach dem nur noch Arier Reichsbürger mit vollen politischen Rechten sein durften, und das »Gesetz zum Schutze des deutschen Blutes und der deutschen Ehre«, wonach Eheschließungen und außerehelicher Verkehr zwischen Juden und

Staatsangehörigen »deutschen und artverwandten Blutes« verboten waren und Zuwiderhandlungen mit Zuchthaus bestraft wurden. Juden wurden in jeder Beziehung zu Bürgern zweiter Klasse gemacht, die weder ein Stimmrecht in politischen Angelegenheiten hatten noch ein öffentliches Amt bekleiden durften. Selbst dass Juden nicht eine deutsch-arische Hausangestellte beschäftigen und nicht die deutsche Fahne zeigen durften, war akribisch geregelt. »Begründet« wurden diese Maßnahmen gegenüber der Bevölkerung mit verlogenen Parolen und hohlen Phrasen, so insbesondere in dem hasserfüllten Nazi-Blatt »Der Stürmer«, dessen widerliche Lektüre uns vom Vater ausdrücklich verboten war. In diesem von Julius Streicher herausgegebenen Hetzblatt scheute man sich nicht, die Juden in Wort und Bild als letzten Abschaum der Menschheit zu verleumden und in ebenso primitiver wie abscheulicher Weise (bis hin zum Kinderschächten) zu verunglimpfen. Damit hatte die Diskriminierung und soziale Ausgrenzung der Juden ein staatlich abgesichertes Stadium erreicht, in dem es schon bald zur systematischen Verfolgung durch die Geheime Staatspolizei (»Gestapo«), zu barbarischen Plünderungen (»Reichskristallnacht«) und letztlich zur Vernichtung der Juden in Konzentrationslagern (Holocaust) kommen sollte.

Weitere Gesetze, Verordnungen und Maßnahmen rundeten das Bild ab, wonach sich das Deutsche Reich unaufhörlich auf dem Wege in einen totalen Unrechtsstaat befand. So legte das Gesetz zur Änderung des Strafgesetzbuchs vom 28. Juni 1935 fest, dass künftig nicht nur eine Tat zu bestrafen war, die das Gesetz für strafbar erklärt (das heißt nach den strafrechtlichen Grundsätzen nullum crimen sine lege und nulla poena sine lege: als Straftatbestand genau bestimmt und vor Begehung der Tat für strafbar erklärt), sondern auch eine solche, die »nach dem Grundgedanken eines Strafgesetzes und nach dem gesunden Volksempfinden Bestrafung verdient«. Damit war der Rechtsbeugung von Staats wegen Tür und Tor geöffnet. Hinzu kam in den nächsten Jahren die inflationsartige Ausweitung der Todesstrafe mit teilweise nebulösen Formulierungen (»wenn der Schutz der Volksgemeinschaft oder das Bedürfnis nach gerechter Sühne es erfordern«). Eine erhebliche Verschärfung der Verfolgung Andersdenkender bestand auch darin, dass die Konzentrationslager nunmehr unter die Kontrolle von SS-Wachverbänden (»SS-Totenkopfverbände« genannt) gestellt wurden, die sich durch besondere Härte und Brutalität hervortaten.

Der Druck auf die Bevölkerung wuchs ständig, wurde aber wegen der stets vaterländischen Verpackung mit dem Siegel behördlich korrekter Durchführung von vielen nur unterschwellig wahrgenommen. Im August 1935 wurden die nachgeordneten Dienststellen im Reich und die Unterrichtsverwaltungen der Länder aufgefordert, bis zum 1. Oktober 1935 »nach anliegendem Muster in doppelter Ausfertigung« eine Nachweisung über die Mitgliedschaft der Beamten und Lehrer zur NSDAP vorzulegen. Unser Vater hat diesem einer Gesinnungskontrolle gleichkommenden Druck seiner Behörde bis zuletzt widerstanden, wie ihm nach dem Zusammenbruch des »Dritten Reiches« auch ausdrücklich bestätigt worden ist. Ähnliches galt für den Bezug der National-Zeitung, für die »freiwillige« Teilnahme an Großkundgebungen und für das Zeigen der Hakenkreuzfahne, die 1936 zur alleinigen Reichsflagge erklärt worden war. Das Denunziantentum und die Angst vor der Gestapo nahmen zu, Verbände jeder Art wurden gleichgeschaltet. Auch die Studentenschaft wurde hiervon erfasst. So wie die bürgerlichen Parteien (zum Beispiel das Zentrum) sich bereits Mitte 1933 »selbst aufgelöst« hatten, kam es im Oktober 1935 unter staatlichem Druck auch zur »Selbstauflösung« der Burschenschaften. Stattdessen gab es im Bildungsbereich nunmehr die verschiedensten Einrichtungen, um den jungen Leuten ein »deutsches Weltbild« zu vermitteln, zum Beispiel die nationalpolitischen Erziehungsanstalten (Napola), den seit Juli 1935 für alle männlichen Arbeitskräfte verbindlichen Arbeitsdienst und als Voraussetzung für ein weiteres berufliches Fortkommen Gemeinschaftslager für Akademiker wie etwa das Referendarlager in Jüterbog bei Potsdam. Im September 1935 wurde darüber hinaus der 1934 eingeführte »Staatsjugendtag«, der den Samstag der staatspolitischen Erziehung der Schüler vorbehielt, auf Nichtmitglieder der HJ ausgedehnt und allgemein für verbindlich erklärt.

Schließlich war die Bevölkerung auch durch die ständigen Sammelaktionen, insbesondere für das Winterhilfswerk (WHW), einem nicht geringen Druck ausgesetzt. Prominente und Hitler-Jugend klapperten mit ihren Sammelbüchsen auf der Straße und überreichten bei einer Spende Ansteckzeichen, ohne die man sich dann schon bald nicht mehr blicken lassen konnte, ohne schief angesehen zu werden. Eintopfsonntage, Betriebssammlungen und ungebetene, aber zu bezahlende WHW-Lose in der Lohntüte waren geschickte Aktionen, um weitere Spenden zu erhalten. Angeprangert wurde diese Spendenpraxis und die teilweise zweckwidrige Verwendung der Spendengelder aber nur in der Auslandspresse. Die deutsche Presse war längst gleichgeschaltet, wie zum Beispiel die »Rückschau auf die bemerkenswertesten politischen, allgemeinen, sportlichen und lokalen Ereignisse des vergangenen Jahres« im Essener Anzeiger vom 1. Januar 1936 deutlich erkennen lässt.

Wirtschaftlich von besonderer Bedeutung war der auf dem Reichsparteitag im September 1936 verkündete Vierjahresplan, der der intensiven Aufrüstung diente. Im Rahmen dieses Vierjahresplans hieß es übrigens am 25. Oktober 1936, Essen solle »die schönste Industriestadt der Erde« werden. Schon ein Jahr vorher war der Umbau des Werdener Berges, der wichtigsten Verkehrsader zwischen Essen und Werden, erfolgt mit der heute amüsant klingenden Begründung, man habe es inzwischen nicht mehr mit Pferdefuhrwerken in beiden Richtungen, sondern mit schnell fahrenden Kraftwagen zu tun; das neue Verkehrstempo erfordere eine neue Kurvengestaltung. Tatsächlich wurde zum Beispiel ab April 1936 die Paketzustellung im Postdienst der Posthalterei van Eupen nicht mehr mit Pferden, sondern nur noch mit Lastkraftwagen ausgeführt. Immer wieder wurde gekatzbuckelt. So veröffentlichte im Oktober 1936 der damalige Oberbürgermeister von Essen folgende Ergebenheitsadresse: Bei der Wiedereröffnung des »bisher Börsenzwecken dienenden« HdT (Haus der Technik) »melden die dort versammelten Techniker ihrem Führer restlose Einsatzbereitschaft für Volk und Staat«. Beispielen dieser Art begegnete man alle Tage. Aber es gab auch auf den ersten Blick unpolitisch erscheinende Wirtschaftsmeldungen aus dieser Zeit. Die Kohlenförderung in Essen stieg auf 17,5 Millionen Tonnen; Essen blieb damit die größte Kohlenstadt. Im November 1936 übergab Gustav Krupp von Bohlen und Halbach der Stadt Essen den Halbach-Hammer, der im Nachtigallental in der Nähe der Margarethenhöhe aufgestellt und in der Folgezeit von Groß und Klein gern besucht wurde. Im Dezember 1936 schließlich wurde eines der modernsten Krankenhäuser Deutschlands, das neue Huyssenstift in Essen, bezogen. Das Alltagsleben erschien bei solchen Ereignissen weithin als normal. Dass letztlich alles, was im Reich geschah, Hitlers Plänen untergeordnet war und auf einen Krieg zusteuerte, war dem Durchschnittsbürger kaum bewusst.

5. Kapitel

1937–1938

Die Jahre 1937/38 brachten für den Zehnjährigen Umbrüche der verschiedensten Art: Übergang von konfessionellen Gruppen zum »Deutschen Jungvolk«; Wechsel von der Volksschule zur höheren Schule; Unternehmungslust in allen möglichen Bereichen auch außerhalb des Elternhauses; Schnuppern am kulturellen Umfeld; erstes Interesse am Umgang mit Mädchen, obwohl die Pubertät noch längst nicht ins Haus stand. Insgesamt war es der Beginn eines langsamen Abschieds von der Kindheit im behüteten Zuhause. Währenddessen hielt die Welt den Atem an, sah dem Wachsen des »Großdeutschen Reiches« irritiert und zugleich duldsam zu und hoffte bis zuletzt auf eine Erhaltung des Friedens. Die Ereignisse überschlugen sich. Aber eins nach dem anderen.

In der Pfarre St. Ludgerus war ich Mitglied einer katholischen Jungengruppe, die aus der inzwischen aufgelösten Pfadfinderschaft hervorgegangen war. Unser Gruppenführer, den wir »Arche« nannten, war früher Gaufeldmeister bei den Pfadfindern gewesen. Wir selbst fühlten uns – obwohl verboten – noch als Pfadfinder, nannten uns »Wölflinge« und praktizierten den Pfadfindergruß (»Gut Pfad!« und Reichen der linken Hand mit besonderer Grußstellung der rechten Hand). Auch machten wir uns die Parole »Jeden Tag eine gute Tat!« zu eigen, gingen auf Tagesfahrt und sangen dann und bei den Heimabenden die alten Lieder: »Wir wollen zu Land ausfahren«, »Aus grauer Städte

Mauern«, »Wenn die bunten Fahnen wehen«, »Die blauen Dragoner, sie reiten«, »Wir sind jung, die Welt ist offen«, »Wilde Gesellen vom Sturmwind durchweht«, »Wir sind durch Deutschland gefahren«, »Wildgänse rauschen durch die Nacht« usw. usw.; einige der Lieder hat übrigens die Hitler-Jugend unverändert übernommen. Dass unsere Jugendgruppe – getarnt als katholische Pfarrjugend – noch 1938 bestand, weiß ich deshalb so genau, weil uns eines Tages beim Heimabend der Tod des deutschen Rennfahrers Bernd Rosemeyer berichtet wurde, der neben Caracciola eines meiner Automobilrennidole war und der bei einem Rekordversuch am 28. Januar 1938 ums Leben kam.

Mein älterer Bruder Klaus war Mitglied des Verbandes »Neudeutschland« und nahm mich verschiedentlich als Gast zu den Heimabenden mit. Die Gruppe hatte im Dachgeschoss des von Jesuitenpatres geführten Ignatiushauses in der Freiligrathstraße ihr Domizil. Dort fanden Singstunden statt und wurde Tischtennis gespielt. Eines Tages – meiner Erinnerung nach im Jahre 1938 – kamen wir vor verschlossene Türen und erfuhren, dass die Räume von der Gestapo geschlossen worden seien. Damit war für uns das Leben der bündischen Jugend beendet.

Seit dem Gesetz über die Hitler-Jugend vom 1. Dezember 1936 waren alle Jugendlichen vom 10. bis zum 18. Lebensjahr verpflichtet, in der Hitler-Jugend Dienst zu tun, und zwar

1. die Jungen im Alter von 10 bis 14 Jahren im »Deutschen Jungvolk« (DJ),
2. die Jungen von 14 bis 18 Jahren in der »Hitler-Jugend« (HJ),
3. die Mädchen von 10 bis 14 Jahren im »Jungmädelbund« (JM),
4. die Mädchen von 14 bis 18 Jahren im »Bund deutscher Mädel« (BDM).

So kam auch ich 1937 als »Pimpf« zum Jungvolk, erhielt eine Uniform (Braunhemd, schwarzes Halstuch mit braunem Lederknoten, Leibriemen = Koppel mit Koppelschloss) und musste mittwochs und samstags, später auch sonntags, »antreten«. Ich wurde einem »Fähnlein« zugeteilt, das in Jungzüge und diese wiederum in Jungenschaften gegliedert war, und lernte eine erste vormilitärische Ausbildung kennen. Befehle wie »Stillgestanden«, »Augen rechts«, »Die Augen links«, »Augen geradeaus«, »Rechts um«, »Abteilung marsch«, »Ganze Abteilung kehrt«, »Rührt euch« gehörten zum regelmäßigen Drill und ließen erahnen, wie es später auf dem Kasernenhof zugehen würde. Wenn wir durch die Straßen zogen, sangen wir meistens Marsch- oder Kampflieder, so zum Beispiel »Es zittern die morschen Knochen der Welt vor dem großen Krieg«; der Schluss lautete: »Wir werden weitermarschieren, wenn alles in Scherben fällt, denn heute gehört uns Deutschland und morgen die ganze Welt«. Wenn ich mich richtig erinnere, wurde irgendwann angeordnet, dass statt des Wortes »gehört« künftig »hört« gesungen werden sollte. Bei den Heimabenden (im Keller eines Hauses in der Albrechtstraße) kam es für den Verlauf des Abends sehr darauf an, welcher Führer gerade agierte oder kontrollierend anwesend war. Es gab durchaus vernünftige Leute, aber eben auch solche, die sich ganz in die Naziideologie verrannt hatten. Wir hatten es mit Jungenschaftsführer (rot-weiße Kordel), Jungzugführer (grüne Kordel), Fähnleinführer (grün-weiße Kordel) und Stammführer (weiße Kordel) zu tun. Am Rande: Unseren Stammführer traf ich nach dem Krieg, als ich am Amtsgericht Werden Vormundschafts- und Jugendrichter war, als Justizangestellten auf meiner Geschäftsstelle wieder; wir verstanden uns bestens, haben aber über die vergangene Zeit nie gesprochen. Am liebsten waren mir die Singabende (mit teilweise längst bekannten Wanderliedern) und die Geländespiele, am langweiligsten die nationalpolitischen Unterrichtungen oder, woran wir gelegentlich teilnehmen mussten, die Großveranstaltungen, zum Beispiel auf der Kaupenhöhe oder im Zirkus Hagenbeck. Einmal (im September 1937) mussten wir stundenlang Spalier stehen, bis Hitler und Mussolini, die zusammen die Krupp-Werke besichtigten, auf dem Wege dorthin in einem offenen Kraftwagen an uns vorbeigefahren waren. Spaß gemacht hat mir offen gestanden das Schießen mit dem Luftgewehr auf eine Zielscheibe. Ich erwarb das DJ-Schießabzeichen (oder war es das DJ-Leistungsabzeichen?) und trug es stolz an meiner Uniform. An Kriegsvorbereitung haben wir Pimpfe damals nicht im Entferntesten gedacht. Tatsächlich habe ich später an der Front, wie sich noch zeigen wird, meine »Schießkünste« auch nie einzusetzen gehabt. Wohl blieb ein anderes Resultat: Noch lange nach dem Krieg wurde ich auf der Rellinghauser Kirmes von Schießbuden wie magisch angezogen.

Im Januar 1938, als das vierte Volksschuljahr dem Ende zuging, wurde ich am Staatlichen Burggymnasium angemeldet. Mein Vater wünschte für seine Söhne eine altsprachliche Ausbildung, sei es, weil er selbst auf einem humanistischen Gymnasium war, sei es, dass er uns die spätere Entscheidung, Theologie zu studieren, von vornherein erleichtern wollte. Ich war ihm mein Leben lang für diese Schulwahl dankbar. Das Schulgeld betrug 240 RM und war in monatlichen Teilbeträgen von 20 RM zu entrichten; bei vier Kindern gab es eine Ermäßigung von 5/10 des Grundbetrages. Nach bestandener Aufnahmeprüfung, die damals noch üblich war, feierten die Eltern mit mir in der »Funkenhütte« bei Kakao und Kuchen den Beginn des neuen Lebensabschnitts. Erster Schultag war der 20.April 1938. Es wurden zwei Klassen mit je etwa 20 Schülern gebildet. Ich kam in die Klasse 1a, die –

in Vertretung des erkrankten Studienrats Baltes – bis Ende des Jahres den allseits beliebten Studienassessor Hüpgens zum Klassenlehrer hatte. Er half uns geschickt über alle Anfangsschwierigkeiten hinweg und versüßte uns den Start ins neue Schuljahr dadurch, dass er uns täglich aus dem Buch »Kai aus der Kiste« ein Kapitel vorlas. Vereinzelt wurden noch Schulmützen (sog. »Aalscheppen«) getragen; Klaus (in der Quarta) trug eine blaue, ich (in der Sexta) eine olivgrüne Aalscheppe. Kurze Zeit später wurden alle Schulmützen abgeschafft. Mein Spitzname in der Schule, den ich von meinem ebenso genannten Bruder geerbt hatte, war »Bitschi«. So hieß ich bis zum Schluss der Schulzeit und darüber hinaus auch noch bei späteren Klassentreffen.

Im Burggymnasium habe ich mich – bis auf die allerdings erheblichen zeitbedingten Einschränkungen – durchweg immer wohl gefühlt. Wir begannen in der Sexta mit Latein und bekamen in der Quarta Griechisch; in der Obertertia kam dann noch Englisch hinzu. Einige wenige Mitschüler haben mich von der Sexta bis zum Abitur als Klassenkameraden begleitet, so insbesondere der bereits erwähnte Kurt Sch. und der »kölsche Jung« Hännes G.; mit beiden hielt ich später auch noch beim Studium an der Uni Köln und bis heute bei Klassentreffen Kontakt. Schulleiter war Oberstudiendirektor Dr.Kock, Hausmeister der geduldige und stets hilfsbereite Jakob Vater. Wenn ich richtig zähle, habe ich auf der »Burg« im Laufe der Jahre – ohne die kurzzeitigen Vertretungsfälle – mit 19 Lehrern zu tun gehabt, die hier nicht im Einzelnen aufgezählt werden sollen. In ihrer Einstellung zum »Dritten Reich« waren sie sehr unterschiedlich. Vom strammen Parteigänger, der bei Veranstaltungen in der Aula entsprechende Ansprachen hielt und mit Parteiabzeichen zum Unterricht erschien, bis zum überzeugten Regimegegner, der aus seiner Einstellung auch den Schülern gegenüber keinen Hehl machte, war alles vertreten. Vieles wurde natürlich von oben verordnet, ohne dass der Einzelne hierauf Einfluss hatte. So lautete eine ab 1938 geltende Anweisung, dass an den kirchlichen Feiertagen Heilige Drei Könige, Peter und Paul, Mariä Empfängnis der volle lehrplanmäßige Unterricht durchzuführen, andererseits – wie bereits 1936 angeordnet – der Samstag als Staatsjugendtag vom Unterricht freizuhalten war. Selbstverständlich hing in jedem Klassenzimmer ein großes Führerbild und ebenso selbstverständlich hatte der Lehrer die Klasse mit deutschem Gruß zu betreten; wie dies allerdings im Einzelfall erfolgte, ließ bei manchem die wahre Gesinnung deutlich erkennen. Bei besonderen Veranstaltungen wurden die Hakenkreuzflagge und die Fahne der HJ feierlich hochgezogen und die Flaggenehrung mit einem »Sieg Heil« auf den Führer und den beiden deutschen Liedern (»Deutschland, Deutschland über alles« und »Die Fahne hoch«) beendet. So geschah es zum Beispiel beim Schulsportfest am 14.September 1938 (Sportplatz am »Krausen Bäumchen«), bei dem ich trotz meiner mageren 66 Punkte als »Sieger im Mehrkampf« eine Siegerurkunde überreicht bekam; ebenso einige Tage später bei der Schulfeier am 19. September (Tag des Deutschen Volkstums), die zum Gedenken der deutschen Volksgenossen im Grenz- und Ausland abgehalten wurde, mit einer Ansprache des VDA-Obmanns. Bei jeder Gelegenheit wurde der »große Führer« idealisiert und glorifiziert. Den verbreiteten, manchmal anbetungsähnlichen Führerkult persiflierte der Volksmund etwa so: »Händchen falten, Köpfchen senken, immer an den Führer denken«.

Sonst gab es im Schuljahr 1938 sowohl schöne als auch schlimme Erlebnisse. Schon im April besuchten wir zu 20 Schülern unter Leitung von Studienassessor Dr. Steinsträßer den Flugplatz Essen-Mülheim, besichtigten das Flugzeug »Kindermöwe« und nahmen an einem Rundflug über Essen teil. Ich konnte von oben das Burggymnasium erkennen und empfand den Flug als so faszinierend, dass ich fest entschlossen war, später den Pilotenschein zu machen. Im Sommer 1938 folgte der erste Aufenthalt im Schullandheim Stromberg, für mich eines der schönsten Schulerlebnisse, das sich noch einige Male wiederholen sollte. 47 Schüler in Begleitung von drei Lehrern verbrachten einen herrlichen Monat im waldreichen Hunsrück, einem Teil des Rheinischen Schiefergebirges. Das Schullandheim lag oberhalb des Ortes Stromberg und bot einen bezaubernden Weitblick. Jedes wichtige Ereignis im Haus (Aufstehen, Essenfassen, Sammeln zur Wanderung usw.) wurde durch einen Gong eingeläutet, der in der Schulzeitung »Akropolis« treffend bezeichnet wurde »als das einzige Musikinstrument, das zum festen Inventar des Hauses gehört«. Wir freuten uns über jedes Paket, das von zu Hause geschickt wurde, besonders wenn es viele »Stifte« (= Bonbons) enthielt, die man am besten verteilen konnte. In diesem Zusammenhang erinnere ich mich noch an einen eigenartigen Vorfall. Ein Paket war aufgebrochen vorgefunden worden und niemand wollte es gewesen sein. Der Betreuungslehrer ließ uns daraufhin Aufstellung nehmen und jeder musste der Reihe nach »auf die Fahne schwören«, dass er nicht daran beteiligt war. Eine Klärung der Sache ist meiner Erinnerung nach aber auch durch diese verwunderliche Prozedur nicht erfolgt. Wenn wir Ausgang hatten, gingen wir meist hinunter in den Ort und spielten auf dem Sportplatz Fußball oder aßen in einer Konditorei jede Menge Bienenstich. Wanderungen in die Umgebung, aber auch weitere Ausflüge waren an der Tagesordnung. Als wir uns einmal zu dritt selbstständig machten und auf eigene Faust eine Tour nach Kreuznach unternahmen, gab es anschließend ein ordentliches Donnerwetter von der Lehrerschaft. Feierlich-gemütlich wurde es abends, wenn wir in einer Runde zusammensaßen und Lieder sangen, zum Beispiel einen Kanon oder das Abendlied »Kein schöner Land in dieser Zeit« mit allen Strophen. Ganz gleich, ob wir in den Ferien oder während der Schulzeit (dann auch mit Unterricht) in Stromberg waren: Die Aufenthalte im Schullandheim waren erholsam und lehrreich zugleich.

Weniger angenehm waren in der Schule die ständigen Abfall- und Altstoffsammlungen sowie die Alarm- und Luftschutzübungen, so zum Beispiel am 15. Juni 1938, wo eine eingehende Belehrung über Bedeutung und Gebrauch der Volksgasmaske stattfand. Das schlimmste Ereignis aber war zweifellos der 9./10. November 1938, das heißt der Morgen nach der sogenannten »Reichskristallnacht«. Ich war auf dem Weg zur Schule, als ich auf der Kettwiger Straße die zerstörten jüdischen Geschäfte, über den Dächern den Rauch der brennenden Synagoge und überall mehr neugierige als bestürzte Erwachsene sah. Als Junge stand man dem »Volkszorn«, der sich in den Verwüstungen entladen haben soll, hilflos gegenüber, zumal das ganze Ausmaß der Verfolgungsaktion wohl auch für Eltern und Lehrer erst nach einiger Zeit erkennbar wurde.

Selbstverständlich gab es außerhalb von Schule und HJ-Dienst in den Jahren 1937/38 noch viel Privates, das zumindest teilweise berichtenswert erscheint. Da war zunächst einmal die persönliche Begegnung mit der Musik. Ein Benediktiner aus dem Kloster Gerleve (Pater Schwake) übte mit uns in St. Ludgerus eine

Woche lang das Volkshochamt mit gregorianischen Gesängen. Eine kleine Passage daraus durfte ich am folgenden Sonntag in der Kirche – in Anwesenheit von Eltern und Geschwistern – allein vorsingen. Kurze Zeit später begann für mich der Musikunterricht in der Musikschule Roehr. Ich lernte Klavier spielen und hatte daneben theoretischen Musikunterricht, dem ich übrigens – besonders wegen der bei Studienrat Galonska beliebten Musikdiktate nach Gehör – in mehreren Zeugnissen ein »sehr gut« in Musik verdankte. Das viele Klavierüben zu Hause, dessen Dauer in einem besonderen Heft jeweils von der Mutter bescheinigt werden musste, war ich aber nach einiger Zeit leid. Ich bedaure es noch heute, dass ich damals vorzeitig die Flinte ins Korn geworfen habe und über Etüden nicht hinausgekommen bin.

Gerne denke ich daran zurück, dass ein gleichaltriges Mädchen aus der Nachbarschaft (Elisabeth) ebenfalls in der Musikschule Roehr das Klavierspielen lernte und wir deshalb denselben Heimweg hatten. Leider war da noch ein weiterer Junge, der sich uns auf dem Weg von der Moltkestraße zur Krawehlstraße anschloss und mit mir darum wetteiferte, wer Elisabeths Tasche tragen durfte. Ihm war es sicher recht, dass ich vorzeitig die Musikschule verließ. Andere Mädchenbekanntschaften folgten. Erika stoppte immer die Zeit, wenn wir zu mehreren Jungs um den Häuserblock herum Wettrennen liefen. Ich war aber nur kurze Zeit ihr Favorit und wurde dann von einem besseren Läufer ausgebootet. Mit Ursula und meiner Botanisiertrommel machte ich manchen Spaziergang ins Grüne. Wir wollten später gemeinsam einen botanischen Garten oder einen Tierpark aufmachen. Als wir eines Tages mit einer lebenden Maus nach Hause kamen, war auch diese Herrlichkeit zu Ende. Mit Margret schließlich habe ich mich »verlobt«. Wir plünderten unsere Spardosen und kauften in der »Epa« (später »Kepa«) am Gemarkenplatz unseren ersten Hausrat: Zitronenpresse, Wassergläser, Kleiderbügel. Als meine Eltern die im Kleiderschrank versteckten Sachen fanden, war auch die Verlobung beendet.

Mein Vater nahm den Vorfall zum Anlass, meine Sparaktivität in eine andere Richtung zu lenken. Ich gründete einen »Herz-Jesu-Verein« und sammelte bei Verwandten und Bekannten Gelder, über die ich genau Buch führte. Kein Besuch blieb ungeschoren. Als ein bestimmter Betrag (ich weiß nicht mehr, wie viel) zusammengekommen war, ging meine Mutter in die Stadt und kaufte von dem Geld, über dessen Verwendung ich mir nie Gedanken gemacht hatte, eine große Herz-Jesu-Statue. Damit hatte auch dieses Vorhaben sein Ende gefunden. Mit Mädchen mochte ich vorerst nichts mehr zu tun haben, da ich nicht als »Stenz« gelten wollte, der »mit Schicksen poussierte«.

An Freizeitbeschäftigungen mangelte es nicht. Mit dem Vater, einem begeisterten Wanderer, unternahmen wir weite Spaziergänge zum Flughafen Mülheim, zum Halbachhammer im Nachtigallental, zum Baldeneysee, auf dem inzwischen die weiße Bootsflotte verkehrte, und zum Wuppertaler Zoo, den wir mit der Schwebebahn erreichten.Oft sind wir auch nach Nierenhof, nach Hösel und in die sogenannte Elfringhauser Schweiz gewandert oder an der Ruhr entlang bis Kettwig gegangen. Mit den beiden Freunden Heinz F. und Fried J., die ich leider seit Kriegsende aus den Augen verloren habe, unternahm ich eine Fußtour nach Velbert zur Familie Ehlen. Mehrere Rollschuhtouren in verschiedener Besetzung folgten. Mit Norbert B. von der Pfarrjugend machte ich Laubsägearbeiten und baute die Ludgeruskirche maßstabgerecht nach. Die Sägeblätter, die man zum besseren Gleiten mit Speckschwarte einrieb, erhielten wir in dem Fachgeschäft Libotte auf der Gemarkenstraße. Auch Weihnachtsgeschenke oder Kleinmöbel für die Puppenstuben der Schwestern wurden gebastelt. Mit Harald von Verschuer spielte ich Tischtennis und lernte von ihm etwas über besondere Umgangsformen in Adelskreisen (so hatte ich beispielsweise seinen Vater nicht mit »Herr Baron«, sondern schlicht mit »Baron« anzusprechen).

Auch im kulturellen Bereich tat sich einiges. Im Saalbau hörten wir die »Vier Jahreszeiten« von Vivaldi. Im Schauspielhaus erlebten wir zusammen mit unserer Mutter »Peterchens Mondfahrt« und das Weihnachtsmärchen »In den Himmel geflogen«; anschließend besuchten wir mit ihr den Weihnachtsmarkt auf dem Burgplatz. Im Kolpinghaus las der Schriftsteller Jón Svensson aus seinen Nonni- und Manni-Büchern, von denen wir selbst einige hatten, die wir nach der Vorlesung von ihm signieren ließen. An Büchern waren inzwischen »Robinson Crusoe« von Defoe, »Die schönsten Sagen des klassischen Altertums« von Schwab und ganz besonders ungezählte Karl-May-Bücher (teilweise mit der Taschenlampe im Bett gelesen) meine Lieblingslektüre. Sonntags nach Messe und Frühstück setzte sich der Vater mit seinen beiden Söhnen ins Wohnzimmer und las und kommentierte jeweils ein Kapitel aus dem Buch »Paulus, der größte Christusjünger« (von Holzner). Mit ihm ging ich auch zum ersten Mal ins Kino. Im Gemar-Theater wurde der Film »Der Berg ruft« mit Louis Trenker gegeben. Dazu muss man wissen, dass der Vater früher ein begeisterter Bergsteiger war, der uns von Eiger, Mönch und Jungfrau erzählte und dessen Lieblingsberg das Matterhorn war, um das es auch in dem Film ging und von dem ein imposantes Bild in unserer Diele hing. Die

Erinnerung an diesen Film holte mich ein, als ich später auf der Frankfurter Buchmesse ein paar Worte mit Louis Trenker wechseln konnte und als ich kürzlich – bei einer Fahrt mit dem Glacierexpress durch die Schweiz – das Matterhorn erstmalig in natura sah. Abschied von seinen geliebten Bergen hat der Vater genommen, als er im Alter von 90 Jahren mit mir einen Rundflug über die Alpen machte.

Was gab es sonst noch im Freizeitbereich? Die Mädchen sammelten »Philippchen« und ließen ihr Poesiealbum kreisen; jeder versuchte, die immer wiederkehrenden Eintragungen (zum Beispiel »In allen vier Ecken soll Liebe drin stecken« oder »Sei wie das Veilchen im Moose bescheiden, sittsam und rein«) durch bunte Verzierungen individuell zu gestalten. Wir Jungs sammelten Zigarettenbilder und Briefmarken. Die großformatigen Sätze (etwa Winterhilfswerk: »Schiffe«, »Ostmarklandschaften« und »Bauwerke«) hatten es mir besonders angetan. Leider ist die im Schaubeck-Album untergebrachte Sammlung bei unserem Bombentotalschaden vernichtet worden. Von den Eltern lernte ich einige Kartenspiele (Skat, 66 und 1001), spielte aber am liebsten und zunehmend mit Vater oder Bruder Klaus eine Partie Schach; beide brachten mir in vielen Stunden Strategie und Taktik dieses »königlichen Spiels« bei. Selbstverständlich waren wir Jungs auch bei der Freizeitgestaltung keine Engel und bauten manchmal regelrecht »Mist«. Kleinere Vergehen wie »Klingelmännchen«, Rauchen oder Einschmieren eines Türgriffs mit Schuhcreme wurden kurzerhand von der Mutter geahndet, die eine »gute Handschrift« hatte. Für schwerwiegendere Taten (Nägel auf die Straßenbahnschienen legen, um sie platt walzen zu lassen; »Äppel klauen« im gegenüberliegenden Gefängnisgarten) war der Vater zuständig. Er strafte nie im Zorn, sondern gab uns in einem Strafgericht unter vier Augen Gelegenheit, Stellung zu nehmen und Einsicht zu zeigen. Nur einmal kam ich an einer (verdienten) Tracht Prügel mit dem Stock nicht vorbei. Ich hatte damals den Eindruck, dass der Vater unter dieser Strafmaßnahme mehr litt als ich selbst.

Politisch bedeuteten die Jahre 1937/38 für Deutschland und seine Nachbarstaaten eine Umwälzung besonderer Art, die einem brodelnden Vulkan kurz vor dem Ausbruch gleichkam.

Es begann mit dem Spanischen Bürgerkrieg (1936–1939), das heißt der kriegerischen Auseinandersetzung zwischen rechtsgerichteten Kräften unter Francos Führung und den Truppen der republikanischen Madrider Regierung. Franco wurde von den italienischen Faschisten (Mussolini) und den deutschen Nationalsozialisten (Hitler) unterstützt, die Madrider Regierung von der UdSSR und internationalen Brigaden (sozialistische Freiwilligenverbände verschiedener Nationen). Hier ist nicht der Ort, den bereits viel analysierten Gründen und Auswirkungen dieses Bürgerkriegs nachzugehen. Von Interesse erscheint vielmehr, was der zehnjährige »Pimpf« von den Kriegsgräueln mitbekam. Da war einmal der Kampf um die Festung von Toledo im Sommer 1936, bei dem Nationaltruppen drei Monate lang den vom Gegner belagerten »Alkazar« verteidigten. Mich interessierte weniger die politische Auseinandersetzung als der Umstand, dass die »roten Belagerer« den Sohn des Festungskommandanten in ihrer Gewalt hatten und damit drohten, ihn umzubringen, falls nicht eine Aufgabe der Festung erfolgte, dass sodann ein Gespräch zwischen Vater und Sohn stattfand mit der patriotischen Entscheidung, die Festung werde nicht aufgegeben. Die Einzelheiten dieser aufregenden Geschichte, die zum Nachspielen reizte, erfuhr ich erst einige Zeit später, als ich mir in der Pfarrbücherei das Buch »Die Helden vom Alkazar« ausgeliehen und mit Spannung gelesen hatte. Was mich dabei innerlich bewegte (Aufopferung des Sohnes für das Vaterland), liegt auf der Hand.

Zum anderen war es die Unterstützung Francos durch die deutsche »Legion Condor«, deren Einsatz im Spanischen Bürgerkrieg als solcher unstreitig ist und nicht zuletzt (als eine von Hitlers sorgsam kaschierten Kriegsvorbereitungen) zu Testzwecken für flächendeckende Luftangriffe erfolgte. Ob es – wie überwiegend angenommen wird – die Flieger der Legion Condor waren, die im Frühjahr 1937 die Bombardierung auch des baskischen Ortes Guernica durchführten und damit die Gräuel des Bürgerkriegs auf die Spitze trieben, kann hier dahingestellt bleiben und ist wohl bis heute nicht restlos geklärt. Jedenfalls kam uns Pimpfen der Einsatz erst dadurch zum Bewusstsein, dass das Legion-Condor-Lied alsbald zu einem viel gesungenen Kampflied wurde. Seine ersten Zeilen lauteten:

> »Wir zogen jenseits der Grenze mit Bomben gegen den Feind
> hoch über der spanischen Erde mit den Fliegern Italiens vereint.
> Wir sind deutsche Legionäre, die Bombenflieger der Legion,
> im Kampf für Freiheit und für Ehre Soldaten der Nation.«

Das berühmte Bild »Guernica«, mit dem Picasso kurz danach die Schrecken des Bombenkriegs anprangerte und das im Sommer 1937 auf der Weltausstellung in Paris gezeigt wurde, lernte ich erst nach dem Zweiten Weltkrieg kennen.

Die nächste politische Umwälzung war der Anschluss Österreichs an das Deutsche Reich im März 1938. Nach einem vorbereitenden Gespräch mit dem österreichischen Bundeskanzler Schuschnigg, den Hitler am 12. Februar 1938 in Berchtesgaden empfing und erheblich unter Druck setzte, rückte die deutsche Wehrmacht – zeitgleich mit dem Rücktritt Schuschniggs – in den Tagen vom 11. bis zum 13. März in Österreich ein und wurde von einem großen Teil der Bevölkerung jubelnd begrüßt. Die allgemeine Begeisterung war echt, zumal auch die österreichischen Bischöfe den Anschluss mit ihren besten Segenswünschen begleiteten und eine entsprechende Empfehlung für die angesetzte Volksabstimmung aussprachen. Am 13. März wurde das »Gesetz über die Wiedervereinigung Österreichs mit dem Deutschen Reich« verkündet und am 10. April ein zustimmendes Wahlergebnis von (offiziell) über 99 Prozent erreicht. Die kernige Devise in Großdeutschland lautete nunmehr »Ein Volk, ein Reich, ein Führer«. An negative Stimmen in diesem Zusammenhang kann ich mich nicht erinnern; von den anschließenden Verfolgungsmaßnahmen in Österreich gegen Andersdenkende und Juden hörten wir nichts. Hitler wurde als Befreier gefeiert und (aus heutiger Sicht eine peinliche Marginalie) die Briefmarkensammler freuten sich über die WHW-Serie 1938 mit ansprechenden Motiven aus österreichischen Landen.

Dem Anschluss Österreichs und dem feierlichen und propagandistisch groß aufgemachten Staatsempfang des »Führers« in Italien Anfang März 1938 folgte alsbald ein weiterer außenpolitischer Triumph Hitlers: das Münchener Abkommen vom 29./30. September 1938. Nach verschiedenen Besprechungen Hitlers mit dem britischen Premierminister Chamberlain in Berchtesgaden und Godesberg, bei denen Hitler unter Androhung von kriegerischem Einsatz die Abtretung des Sudetenlandes an das Deutsche Reich durch die Tschechoslowakei gefordert hatte, sowie nach seiner Zusicherung, diese Abtretung werde die letzte Revisionsforderung in territorialer Hinsicht sein, fand am 29. September eine Konferenz in München statt, an der außer Hitler und Mussolini auch Chamberlain und der französische Ministerpräsident Daladier teilnahmen. Man einigte sich in einer langen Nachtsitzung auf ein Abkommen, wonach die Tschechoslowakei die deutsch besiedelten Randgebiete Böhmens, Mährens und Schlesiens in der Zeit vom 1. bis zum 10. Oktober geräumt an Deutschland herausgeben, andererseits in ihrem territorialen Restbestand durch eine Garantieerklärung Englands und Frankreichs gegen Angriffe geschützt werden sollte. Gleichzeitig wurde eine deutsch-britische Nichtangriffserklärung unterzeichnet. Die Welt atmete auf. Ein Kriegsausbruch schien verhindert. Auch Chamberlain kehrte zufrieden nach London zurück und rief der zu seinem Empfang erschienenen jubelnden Menschenmenge zu: »Der Friede ist gerettet«. Am 1. Oktober begannen abkommensgemäß deutsche Truppen mit ihrem Einmarsch in das Sudetenland. Die damalige offizielle Sprachregelung lautete, die Sudetendeutschen seien endlich von der tschechischen Fremdherrschaft befreit und ins Reich heimgekehrt. Die Ruhe war aber trügerisch und die Entspannung hielt nur kurze Zeit an. Denn Hitler machte – entgegen seinen Zusicherungen – verschiedene weitere Gebietsansprüche geltend, die nicht mehr mit der vaterländischen Begründung einer »Heimkehr ins Reich« ummäntelt werden konnten und letztlich zum Zweiten Weltkrieg führten, wartete damit aber bis 1939 ab.

Innenpolitisch baute Hitler in den Jahren 1937/38, gestützt auf seinen diktatorischen Staatsapparat und die außenpolitischen Erfolge, seine Machtstellung systematisch weiter aus. Nachdem Anfang 1937 das Ermächtigungsgesetz, das seine totalitäre

Gesetzgebungsgewalt begründete, um weitere vier Jahre verlängert worden war, übernahm er im Frühjahr 1938 auch die alleinige Befehlsgewalt über die gesamte Wehrmacht. In den Tageszeitungen hieß es hierzu: »Alle Macht ist nunmehr in der Hand des Führers«. Presse und Rundfunk wurden gleichgeschaltet und dienten vornehmlich der politischen Beeinflussung der Bevölkerung. Das Propagandaministerium von Goebbels gab genaue Anweisungen für die Berichterstattung. Kritischer Journalismus war nicht mehr möglich. Damit das Radio zum Massenmedium werden konnte, wurde ein preiswerter Kleinempfänger (35 RM) produziert. Dass meine Eltern es während der gesamten Zeit des »Dritten Reiches« abgelehnt haben, sich einen solchen »Volksempfänger« oder überhaupt ein Rundfunkgerät anzuschaffen, war wohl eine weise Entscheidung.

Verstärkt wandte sich Hitler der Jugend zu, die er zur Durchführung seiner Kriegspläne brauchte und die nach seinem fordernden Appell »Flink wie die Windhunde, zäh wie Leder und hart wie Kruppstahl« sein sollte. Adolf-Hitler-Schulen wurden geschaffen, um Jungen im Alter ab zwölf Jahren als Führernachwuchs auszubilden. Auch in den anderen Schulen wurde körperliche Ertüchtigung nun besonders wichtig genommen und der Turnunterricht auf Kosten anderer Fächer ausgeweitet. Der stramme Dienst in der HJ geriet immer mehr, jedenfalls soweit es die zeitliche Inanspruchnahme und die ihm vom Staat beigemessene Wichtigkeit anging, zur Konkurrenz für den Schulunterricht. Der Reichsarbeitsdienst (RAD) wurde als »Ehrendienst am deutschen Volk« weiter ausgebaut und war für alle jungen Deutschen im Alter von 18 Jahren verbindlich; die Einberufung erfolgte regelmäßig für die Dauer von sechs Monaten, der Einsatz bei Moorentwässerungen, Straßenbau und Bauarbeiten für den Westwall (Befestigungsanlagen an der deutschen Westgrenze zwischen Aachen und Basel). Auch Arbeitsmaiden wurden (meist zur Mithilfe in der Landwirtschaft) eingezogen, konnten aber den Arbeitsdienst ersatzweise durch ein einjähriges Pflichtjahr in der Land- oder Hauswirtschaft oder durch den Frauenhilfsdienst für Wohlfahrts- und Krankenpflege ableisten.

Der staatliche Druck auf Andersdenkende bis hin zur Verfolgung wurde ständig verschärft. Da waren zum einen die Kirchen, die den nationalsozialistischen Machthabern ein Dorn im Auge waren. Der gezielte Angriff auf die konfessionellen Bekenntnisschulen hatte schon 1937 Erfolg, als die meisten Eltern bei der Anmeldung ihrer Kinder aus Angst vor Repressalien sich für die Gemeinschaftsschule entschieden. In seiner Enzyklika »Mit brennender Sorge« vom März 1937 kritisierte Papst Pius XI. mit eindeutigen Worten die Machenschaften des Regimes, »die von Anfang an kein anderes Ziel kannten als den Vernichtungskampf«. Er verurteilte die Rassenpolitik sowie den Führer- und Götzenkult und prangerte die »verhüllten und sichtbaren Zwangsmaßnahmen, Einschüchterungen, Inaussichtstellung wirtschaftlicher, beruflicher, bürgerlicher und sonstiger Nachteile« als ebenso rechtswidrig wie menschenunwürdig an. Die Antwort des Regimes auf diese scharfe Kritik ließ nicht lange auf sich warten: Terroraktionen gegen Gläubige und kirchliche Einrichtungen, nicht zuletzt auch Schauprozesse gegen Priester wurden Teil des nun einsetzenden verschärften Kampfes gegen die Kirche.

Zum anderen waren es die stets zunehmenden Diskriminierungen und Verfolgungen der Juden, die mit allen Mitteln zu Menschen zweiter Klasse gemacht wurden. Sie mussten auf der Straße einen gelben Stern tragen, durften sich nicht auf gekennzeichnete

Parkbänke setzen und wurden in jeder Weise gebrandmarkt (Verbote in Schwimmbädern, Sonderabteile in Zügen, Kraftfahrverbot usw.). Unternehmen, die im Besitz von Juden waren, wurden »arisiert« und staatenlose und polnische Juden Ende Oktober 1938 verhaftet und über die polnische Grenze abgeschoben. Nach außen erkennbarer Höhepunkt der Verfolgung war dann die bereits geschilderte »Reichskristallnacht« (9./10. November 1938), deren schreckliche Bilanz Tote und Schwerverletzte, brennende Synagogen, Tausende demolierte jüdische Geschäfte und Warenhäuser, unzählige Verhaftungen sowie erniedrigende Behandlung von Juden auf öffentlicher Straße waren. Der dem Pogrom angeblich zugrunde liegende »spontane Volkswille« war von Goebbels organisiert (gleichzeitige Ausschreitungen im ganzen Lande!) und wenige Tage später von Hitler abgesegnet worden. Die Zahl der Konzentrationslager stieg an, wurde aber geheim gehalten.

Schließlich waren es die nach der nationalsozialistischen Rassenlehre Andersartigen (wie Erbkranke und Geistesgestörte), auf die es der Staat abgesehen hatte. Nach dem »Gesetz zur Verhütung erbkranken Nachwuchses« wurden allein bis 1937 mehr als 200.000 Menschen sterilisiert. Auch farbige Kinder gehörten hierzu; denn es sollten nicht nur Erbkranke »ausgemerzt«, sondern auch die Vermischung mit »fremdem Blut« verhindert werden. Geistig und körperlich Behinderte wurden aus kirchlichen Pflegeheimen abtransportiert und in staatliche Euthanasieanstalten oder »Ausweichkrankenhäuser« verlegt; man sprach vom Gnadentod »lebensunwerten Lebens«. In der NSDAP gab es ein rassenpolitisches Amt, das planmäßig durch erzieherische Maßnahmen die Erhaltung und Verbesserung der rassischen Eigenart fördern sollte. Hier kam es zu eigenartigen Auswüchsen.

So soll es Biologielehrer gegeben haben, die durch das Anlegen von Zentimetermaßen und Farbentafeln für Augen-, Haar- und Hautfarbe bei ihren Schülern festzustellen versuchten, ob sie zu der für Deutsche als ideal herausgestellten »nordischen Rasse« gehörten. Andererseits wurden kinderreichen Familien (Familien mit vier und mehr erbgesunden Kindern) aus bevölkerungspolitischen und volksgesundheitlichen Gründen besonderer Schutz gewährt (Kinderbeihilfen, Fahrpreisermäßigungen, bevorzugte Wohnungsbeschaffung usw.). Auch wurden kinderreiche Mütter durch Verleihung des Mutterkreuzes ausgezeichnet. Danach hätte meiner Mutter mit ihren vier Kindern das »Ehrenkreuz der deutschen Mutter in Bronze« zugestanden. Ob sie es nicht angenommen oder nur nicht aufgehoben hat, weiß ich nicht. In ihrer Schatulle, die auch eine Medaille aus dem Ersten Weltkrieg (»Gold gab ich für Eisen«) und eine Brosche meiner Großmutter enthielt, habe ich ein Mutterkreuz jedenfalls nie gesehen.

Die wirtschaftliche Lage in Deutschland war 1937/38 nach wie vor gut, die frühere Arbeitslosigkeit längst beseitigt; im Gegenteil: Es bestand nunmehr Arbeitskräftemangel, besonders an Facharbeitern im Baugewerbe, im Bergbau und in der Metallindustrie. Die Industrieproduktion war – nicht zuletzt durch die geradezu explodierende Aufrüstung – ständig gestiegen, sodass man von einer Hochkonjunktur sprechen konnte. Im Mai 1938 wurde die Grundsteinlegung des Volkswagenwerkes gefeiert und bis Dezember 1938 das Netz der Reichsautobahnen auf über 3.000 km ausgebaut.

Im Kultur- und Freizeitbereich war besonders die NS-Gemeinschaft »Kraft durch Freude« (KdF) aktiv, um die Menschen bei Stimmung zu halten. Man sorgte für Theater-, Konzert-, Varieté-

und Lichtspielveranstaltungen, richtete Sportkurse jeder Art ein und ermöglichte Urlaubs- und Erholungsfahrten auch für Minderbemittelte. An Filmen gab es damals zum Beispiel »Der Tiger von Eschnapur« und »Das indische Grabmal« (mit La Jana), den Olympiafilm von Leni Riefenstahl und den Lustspielfilm »Der Mann, der Sherlock Holmes war« (mit Hans Albers und Heinz Rühmann). Andererseits wurde das, was dem Staat nicht passte, ganz einfach verboten. So durfte im deutschen Rundfunk »Niggerjazz« nicht mehr gespielt und in den Museen »entartete Kunst« nicht mehr gezeigt werden. Tausende Kunstwerke wurden von der Gestapo beschlagnahmt und teilweise ins Ausland verkauft, teilweise als abschreckendes Beispiel in der Münchener Ausstellung »Entartete Kunst« gezeigt. Als entartet wurden unter anderem angesehen Werke von Barlach, Beckmann, Chagall, Corinth, Feininger, Kandinsky, Kirchner, Klee, Kokoschka, Macke, Marc, Nolde und Schmidt-Rottluff, heutztage sämtlich viel gesuchte Spitzenkünstler. Auch das Folkwang-Museum in Essen verlor auf diese Weise durch mehrere »Säuberungsaktionen« fast die Hälfte seines Bestandes.

Abschließend noch kurz einige besondere Ereignisse aus den Jahren 1937/38, an die ich mich gut erinnere: Am 6. Mai 1937 ging das Luftschiff LZ 129 kurz vor der Landung in Lakehurst (New Jersey) nach einer Explosion in Flammen auf. Damit hatte die Zeppelin-Ära (auch wegen der viel schnelleren Flugzeuge) ihr Ende gefunden. Die Eiger-Nordwand wurde erstmalig erstiegen und Max Schmeling verlor seinen Kampf gegen Boxweltmeister Joe Louis. Die Essener freuten sich über die Zweite Deutsche Reichsgartenausstellung und über die Inbetriebnahme einer Kunsteisbahn auf dem Ausstellungsgelände (Halle 6). Der Platz südlich des Hauptbahnhofs wurde völlig neu gestaltet und erhielt den Namen »Freiheit«. Das von Mai 1938 stammende Werbemotto »Essen, die Einkaufsstadt« wurde weithin sichtbar auf dem Handelshof installiert und begrüßte seitdem jeden in Essen ankommenden Besucher. Weihnachten 1938 schließlich feierten wir wie gewohnt und ahnten nicht, dass dies für sechs lange Jahre das letzte Weihnachtsfest im Frieden sein würde.

6. Kapitel

1939

Wenn ich rückschauend die Kreise, in denen sich 1939 das Leben des Elfjährigen abspielte, korrekt zu gewichten versuche, so dürfte diese Reihenfolge angebracht sein: Elternhaus, Schule, Freizeitgestaltung, Kirche, HJ-Jungvolk. Hinzu kam, wenn auch mehr oder weniger am Rande empfunden, die Wahrnehmung dessen, was sich politisch und militärisch ereignete. Das persönliche Spitzenerlebnis in diesem Jahr war eindeutig das lang ersehnte eigene Fahrrad. Jede Besorgung wurde nun mit dem Rad erledigt, jede Gelegenheit zu kleineren oder größeren Radtouren ausgenutzt. Ich schien wie mit dem Fahrrad verwachsen. Das darin liegende Stück mehr Freiheit sowie das Gefühl, jetzt zu den größeren Jungs zu gehören, stärkte das Selbstbewusstsein ungemein und ließ die gesamte Umwelt freundlicher erscheinen.

Im Elternhaus wurden die Söhne nunmehr verstärkt zur Mithilfe im Haushalt herangezogen. Klaus und ich teilten uns die Arbeit auf. Einer spülte, der andere trocknete ab; einer hackte Holz, der andere schaufelte Kohlen ein. Etwas nervig war das tägliche Schuhputzen (immerhin für sechs Personen), auf dessen saubere Durchführung der Vater großen Wert legte. Auch der Steg zwischen Sohle und Absatz musste – wie in seiner Soldatenzeit – sauber sein. Einer von uns erledigte das Vorputzen und Einschmieren mit Schuhcreme, der andere das Blankputzen. Teppichklopfen, Besteckputzen, Bettenmachen und Mithilfe bei der großen Wäsche (Nasswäsche durch die Mangel drehen und zum Aufhängen heraustragen) waren eine Selbstverständlichkeit. Murrte jemand bei der Arbeit, hatte die Mutter immer ein passendes Sprichwort parat: »Viele Hände schaffen schnell ein Ende«, »Ordnung ist das halbe Leben«, »Was du heute kannst besorgen, das verschiebe nicht auf morgen«. Es gab aber auch Verrichtungen, die ich ausgesprochen gern erledigte, so die Pflege der Beete im Garten oder der Gang zum Bäcker, wenn der von der Mutter zubereitete Stutenteig weggebracht und das fertige Brot abends wieder abgeholt werden musste. Dass auf dem Hinweg regelmäßig von dem leckeren Teig genascht wurde, hat die Mutter wohl stillschweigend geduldet. Überfordert habe ich mich durch die häuslichen Arbeiten nie gefühlt, zumal die Eltern eine Priorität der Schulaufgaben stets anerkannten. Immerhin: Als wir nach einiger Zeit eine Haushaltshilfe »rund um die Uhr« bekamen, spürten Klaus und ich eine deutliche Entlastung. Berta war eine ebenso umsichtige wie kameradschaftliche Hilfe; sie scheute sich auch nicht, mit uns auf unserem Schlitten den steilen Hohlweg in Holsterhausen hinunterzuflitzen und – während wir »Brennholz!« schrien – für vernünftige Steuerung zu sorgen. Sie hat uns gegen Ende des Krieges verlassen und dann noch bei einem Bombenangriff einen Arm verloren.

Am 30. März 1939 erhielt ich meine Versetzung in die Quinta, richtiger gesagt in die zweite Klasse des Gymnasiums. Denn die alten Klasseneinteilungen für Oberschulen – Unterstufe mit Sexta, Quinta und Quarta, Mittelstufe mit Untertertia, Obertertia und Untersekunda sowie Oberstufe mit Obersekunda, Unterprima und Oberprima – waren bereits 1938 abgeschafft worden. Gleichzeitig war die Dauer der Schulzeit an höheren Schulen um ein Jahr verkürzt worden. Nach den Osterferien, die bis zum 17.

April dauerten, und nach einer nochmaligen Wallfahrt mit der ganzen Familie nach Hardenberg kam dann am 19. Mai 1939 der schon erwähnte Freudentag: Mein Vater marschierte mit mir zum Fahrradgeschäft auf der Rüttenscheider Straße (damals Hermann-Göring-Straße) und ich erhielt eine »nagelneue NSU« mit Kilometerzähler, Gepäckträger, Satteltasche und moderner Lichtanlage. Erste kleine Radtouren führten mich nach Duisburg (wo Onkel Willi Bergerfurth mit seiner Familie wohnte und als Justizinspektor tätig war), nach Wesel (zu Tante Lene Bergerfurth), nach Rheurdt (zum Vetter Hans Platte, der dort eine Rektorenstelle bekommen hatte), nach Kevelaer und Xanten sowie mehrmals zu den Großeltern nach Emmerich. Einen interessanten dreitägigen Radausflug machte ich zusammen mit Thomas K., dem gleichaltrigen Sohn einer befreundeten Familie, Anfang August 1939 nach Aachen, wo wir – außer den bekannten Baudenkmälern und Kunstschätzen – auch Teile des Westwalls sahen.

Vorher war unsere Klasse im Juni/Juli nochmals für mehrere Wochen im Schullandheim Stromberg. Wir hatten in mehreren Fächern (wenn auch etwas eingeschränkten) Schulunterricht und machten im Übrigen schöne Touren nach Kreuznach, Bacharach und Bingen. Dies förderte den Zusammenhalt der Klasse und begründete manche echte Schulfreundschaft. Mitte Juli fand wieder ein Sommersportfest des Burggymnasiums statt, und zwar auf dem Sportplatz an der Steeler Straße und in den Anlagen des Steeler Stadtgartens. An den wieder fälligen Fahnenappell mit allem Drum und Dran hatten wir uns schon gewöhnt. Darüber hinaus kann ich mich aber an politischen Druck oder weltanschauliche Beeinflussung im Unterricht beim besten Willen nicht erinnern. Nazi-Ideologie (so etwa den Führerkult oder das

Denken in Kategorien wie Herrenrasse und Untermenschentum) habe ich in unserer Klasse nie erlebt. Vielleicht lag dies auch an dem besonderen Charakter des Burggymnasiums als einer altehrwürdigen humanistischen Bildungsanstalt und daran, dass wir noch zahlreiche »Pauker von echtem Schrot und Korn« hatten. Zwar erschien der eine oder andere Lehrer mit Parteiabzeichen zum Unterricht; eine regimegefärbte Pädagogik blieb uns aber – bis auf ganz wenige Ausnahmen, die es eben auch gab – weithin erspart. Interessant ist in diesem Zusammenhang, dass wir selbst, wenn ich mich recht erinnere, grundsätzlich nicht in Uniform zum Unterricht erschienen und uns im Übrigen hinsichtlich unserer Einstellung gegenseitig so gut kannten, dass auch politische Witze, die schon bald ein heikles Unterfangen im Dritten Reich darstellten, ungefährdet erzählt werden konnten. Das gilt auch für die damals in Essen (im Hinblick auf den in »Freiheit« umbenannten Bahnhofsvorplatz) gängige Redewendung: »Wo die Adolf-Hitler-Straße aufhört, da fängt die Freiheit an«.

Den Weg zur Schule legte ich mit dem Fahrrad, mit der Straßenbahn oder zu Fuß zurück (Gehzeit 30 Minuten). Die Straßenbahn – noch mit Schaffner, Klingelzug und meist offener Schiebetür hinten – fuhr durch die Kettwiger Straße und hielt am Ende des Burgplatzes. Wenn wir hinten an der offenen Tür standen und – besonders wenn die Zeit bis zum Unterrichtsbeginn knapp war – rechtzeitig absprangen, landeten wir genau an der Treppe und stürmten hinunter. Auch der Schulweg zu Fuß hatte seine Reize. Am Lichtspielhaus »Atrium« konnten wir uns in den Aushängen Filmbilder anschauen, daneben in der Eisdiele für zehn oder fünf Pfennige ein großes oder kleines Eis kaufen. Einige Meter weiter gab es in der Hauptpost einen »Paternoster«, einen ständig umlaufenden Aufzug, den wir eifrig benutzten und dabei gelegentlich auch (durch spätes Ein- und Ausspringen) unsinnige Mutproben ablegten. Da mir ältere Schüler vorgeschwindelt hatten, nach der obersten Etage werde der Aufzug aus Raumgründen jeweils zusammengeklappt, hat es einige Zeit gedauert, bis ich die erste Rundfahrt wagte. Der weitere Heimweg führte auf der Kaupenhöhe an einem Kiosk vorbei, der zu einem verlockenden Zwischenstopp einlud; denn dort konnte man für fünf Pfennige einen »Steckerkasten« bedienen und je nachdem, welche Kugel herausrollte, schöne Preise gewinnen. Dass ich auf diese Weise verspätet zum Mittagessen erschien, war keine Seltenheit.

Als nebulöse Grauzone empfand der Elfjährige die so langsam beginnende Pubertät und ihre Probleme. Die Frage, wie es damals mit der heute selbstverständlichen sexuellen Aufklärung stand, ist leicht zu beantworten: Sie fand schlicht und einfach nicht statt. Alles, was mit Sexualität zusammenhing, galt als Tabuthema und wurde weder im Elternhaus noch im kirchlichen Bereich noch in der Schule angerührt, abgesehen vielleicht von den berühmten »Bienchen«-Erklärungsversuchen im Biologieunterricht. So blieben nur das heimliche Stöbern im väterlichen Bücherschrank und der Umgang mit älteren Nachbarsjungen, um Antwort auf drängende Fragen zu erhalten. Gott sei Dank haben sich die Zeiten insoweit geändert. Die damals beinahe sprichwörtliche Leibfeindlichkeit der Kirche und die verbreitet doppelbödige Moral der bürgerlichen Gesellschaft, die in erster Linie auf zur Schau getragene Zucht und Ordnung Wert legte, dürfte längst überwunden sein.

Die Freizeitgestaltung nahm immer neue Formen an. Ich hatte einen Chemie-Experimentierkasten geschenkt bekommen und machte zusammen mit Hans F., der zu Hause in der Zweigertstraße sein eigenes Zimmer hatte und unser Klassenprimus war, chemische Versuche. An »Blitze unter Wasser« (mit Kaliumpermanganat) kann ich mich noch gut erinnern, zumal ich dieses Experiment nachher meinen Eltern in der Badewanne vorgeführt habe. Mein Bruder baute in Ermangelung eines Rundfunkgerätes einen kleinen Detektorempfänger, mit dem wir tatsächlich einen wenn auch krächzenden Empfang hatten. Besonders spannend war die Beschäftigung mit den beiden selbst gebauten Morsegeräten, von denen wir eines im Mansardenzimmer und eines im Kinderzimmer postierten. Wir lernten das Morsealphabet und konnten uns alsbald zwischen Erdgeschoss und Dachgeschoss problemlos verständigen. Den dafür notwendigen Transformator setzten wir auch für Schwachstrom-Lichtquellen aller Art ein. So haben wir in einem strengen Winter einmal im Garten einen Iglu gebaut und diesen innen elektrisch beleuchtet und »wohnlich« eingerichtet. Als meine Eltern uns im Iglu besuchten, waren sie über unser Werk doch sehr erstaunt und voller Lob. Auch das Briefmarkensammeln wurde eifrig weiterbetrieben, kamen doch 1939 nicht nur eine ganze Reihe von Sondermarken, sondern auch die Danziger Freimarken mit dem Aufdruck »Deutsches Reich« heraus. Zum Tauschen doppelter Marken hatte jeder sein kleines Steckalbum. Ab und zu durften wir auch ins Kino gehen, von denen wir mehrere in unserer näheren Umgebung hatten (Corso, Odeon, »Bügeleisen«, Gemar-Kino). Am liebsten ging ich ins Glückauf-Kino, wo wir in der ersten Reihe (auf den sogenannten »Rasierplätzen«, weil man zum richtigen Sehen den Kopf in den Nacken legen musste) für 20 Pfennige manchen Indianerfilm gesehen haben. Das später »Filmstudio Glückauf« genannte Kino war bereits 1924 eröffnet worden und damit eines der ältesten Lichtspieltheater in Deutschland.

Wie bereits erwähnt, war ich nach der Zeit in St. Ludgerus mehrere Jahre auch in der nur wenige Minuten von unserem Hause entfernten BMV als Messdiener tätig. Zelebranten waren dort Pfarrer Velten und (als sein Vertreter) Rektor Böhmer. Wir Messdiener waren eine kleine, verschworene Gruppe, die immer zusammenhielt und von den BMV-Schwestern geradezu verwöhnt wurde. Besonders zu Ostern, Nikolaus und Weihnachten gab es immer schöne Überraschungen, manchmal sogar regelrechte Bescherungen. Gern denke ich an Schwester Franziska zurück, die künstlerisch und handwerklich begabt war und famose Wachsfiguren (zum Beispiel für die Krippe) herstellte. Gelegentlich durften wir ihr bei der Arbeit zuschauen. Als Messdiener der BMV hatten wir übrigens noch eine besondere Aufgabe: das Messedienen im benachbarten Gefängnis in der Krawehlstraße. Dort war jahrelang der Strafanstaltspfarrer Peter Buchholz, ein früherer Essener Religionslehrer, als Gefangenenseelsorger tätig. Zum Gottesdienst trafen wir uns mit ihm am Eingang der Haftanstalt, wurden von einem Wachtmeister durch die langen Gänge in die kleine Sakristei geführt und betraten dann, nachdem wir uns umgezogen hatten, die Anstaltskapelle, die wegen der ansteigend angeordneten Plätze etwas Ähnlichkeit mit einem Hörsaal hatte. Ein wichtiger Unterschied bestand jedoch: Jeder Platz war zur Seite hin so abgeschirmt, dass die Gefangenen während des Gottesdienstes keinen Kontakt miteinander aufnehmen konnten. Pfarrer Buchholz verstand es, einfühlsame und leicht verständliche Predigten zu halten, die auf die besondere Situation der Gefangenen zugeschnitten waren. Nach der Messe wurden wir von ihm zum Frühstück in seine Wohnung in der Virchowstraße eingeladen, wo die Haushälterin (meiner Erinnerung nach seine Schwester) schon alles vorbereitet hatte. Erst nach dem Kriege erfuhr ich, dass Pfarrer Buchholz als geistlicher Beistand die

Verurteilten des 20. Juli 1944 in der Strafanstalt Plötzensee in Berlin-Charlottenburg betreut hat, bevor sie hingerichtet wurden. Daran muss ich immer denken, wenn ich mir Heinrich Zilles Lithographie »Singende Kinder von Plötzensee« (1919) anschaue, die zu meiner Graphiksammlung gehört.

Vom Jungvolk (HJ) gibt es für das Jahr 1939 nichts Besonderes zu berichten. Im Winter erhielten wir als Ergänzung zur bereits geschilderten Uniform eine schwarze Skimütze, eine blaue Winterjacke nebst gleichfarbiger Überfallhose und graue Handschuhe. Neben Geländedienst, Schießen und Sport waren es insbesondere die Ausmärsche in die umliegenden Wälder (Stadtwald, Schellenberger Wald, Heissiwald), die die Eintönigkeit des Drills und der Heimabende wohltuend unterbrachen. Hatten wir früher auf der Isenburg oberhalb der Ruhr Cowboy und Indianer oder Räuber und Gendarm gespielt, so erfolgte nunmehr – ausgerüstet mit Kompass und Karte – eine Zielwanderung dorthin oder gelegentlich auch eine Schnitzeljagd. Das Ärgerliche an den häufigen Sonntagsveranstaltungen war nur, dass mancher Einheitsführer es geradezu darauf anlegte, durch die zeitliche Gestaltung des Dienstes Kirchenbesuche zu erschweren oder zu unterbinden.

Nun zum politischen und militärischen Geschehen im Jahre 1939, zur unmittelbaren Vorkriegszeit und zum Kriegsbeginn.

Entgegen seiner Zusicherung im September 1938, er werde nach der Abtretung des Sudetenlandes an das Deutsche Reich keine territoriale Forderung mehr stellen, hatte Hitler bereits Ende 1938 in einer Geheimen Kommandosache erklärt, die Wehrmacht müsse auf eine Erledigung der Rest-Tschechei, auf eine Inbesitznahme des Memellandes und auf eine handstreichartige

Besetzung des Freistaates Danzig vorbereitet sein. Diese expansiven Absichten begann er im März 1939 zu verwirklichen. Wieder ging es Schlag auf Schlag. In Ausnutzung der damals aktuellen slowakischen Unabhängigkeitsbestrebungen setzte Hitler den nach Berlin gerufenen tschechoslowakischen Staatspräsidenten Hacha unter Druck und erzwang dessen Einverständnis mit einer Schaffung des »Reichsprotektorats Böhmen und Mähren«. Am 15. März rückten deutsche Truppen in Prag ein und besetzten die Rest-Tschechei. Damit war das Münchener Abkommen von September 1938 endgültig gebrochen; jedoch zeigte sich außer formalen diplomatischen Protesten von England und Frankreich sowie verzweifelter Empörung der tschechischen Bevölkerung bei der Besetzung keinerlei Widerstand. Am 21. März forderte Hitler – zunächst ohne Erfolg – von Polen die Rückgabe Danzigs und die Einräumung eines exterritorialen Korridors nach Ostpreußen. Am 23. März folgte (aufgrund eines Abkommens mit Litauen) der Einmarsch deutscher Truppen ins Memelgebiet. Die weiteren Monate bis einschließlich August 1939 waren angefüllt mit sich überschlagenden diplomatischen Aktionen in alle Richtungen. Zahlreiche Beistandszusagen, Nichtangriffspakte und Garantieversprechen zwischen den verschiedensten Ländern machten die politische Situation mehr als unübersichtlich und zeigten die verbreitete Angst vor einem immer näher rückenden Kriege. Einer der für den Kriegsbeginn entscheidenden Schlusspunkte dieser diplomatischen Aktivitäten war das überraschende Zustandekommen des deutsch-sowjetischen Nichtangriffsvertrages am 23. August in Moskau, der Hitler maßgeblich den Rücken stärkte und mit einem Geheimprotokoll über die Festlegung der beiderseitigen Interessensphären verbunden war. Damit war das Tor für einen militärisch problemlosen Einfall in das Nachbarland Polen weit geöffnet.

Für den einzelnen Bürger, der dem Weltgeschehen ziemlich hilflos und in banger Erwartung zuschaute, gab es in diesen letzten »Friedensmonaten« noch einige besondere Ereignisse. Im März 1939 wurde in Rom Kardinalstaatssekretär Eugenio Pacelli, der frühere Nuntius in Berlin, zum Papst gewählt (Pius XII.). Mein Vater nahm diese Wahl zum Anlass, seine erste Romreise zu machen. Der kurz vor Kriegsbeginn über den Rundfunk verbreitete Friedensappell des neuen Papstes an die Welt vermochte an der weiteren Entwicklung leider nichts mehr zu ändern. Am 20. April wurde mit großem Pomp der 50. Geburtstag Hitlers gefeiert. Eine mehrstündige Truppenparade, Kundgebungen und Aufmärsche sowie seine wenige Tage später im Reichstag gehaltene Rede sollten die Bedeutung des »Führers« dem In- und Ausland gegenüber herausstreichen. Hierzu gehörte auch das Erscheinen einer großen Sonderbriefmarke (»Hitler in Braunau«) und seine zur Schau getragene mehrtägige Besichtigung des Westwalls.

Hautnah erlebte die Bevölkerung ab 27. August 1939 die tatsächlich herrschende Krisensituation durch andere Dinge: immer mehr Meldungen in der Presse über angebliche polnische Grenzverletzungen; Luftschutzübungen und Probealarme; Ankündigung der Rationierung; Ausgabe von Lebensmittelkarten und Bezugscheinen. So gab es Brot-, Milch- und Fettkarten, aber auch z.B. die Reichsseifenkarte, die Tankausweiskarte und vieles andere mehr (Bezugscheine für Kohle, Kleidungsstücke usw.). Geld war ohne Marken nur noch wenig wert. Tabakwaren wurden zum beliebten Tauschgegenstand. Auf Jahre hinaus gab es nun die sogenannte »Zigarettenwährung«. Mancher versuchte in diesen Tagen noch schnell, etwas Bezugscheinfreies oder »ohne Marken« zu ergattern, obwohl ja Aktionen wie Hamstern und Schwarzmarkt noch in weiter Ferne lagen. Wenn die Luftschutzsirene ertönte, war zwischen Voralarm (dreimal lang), Hauptalarm (periodisch anschwellender Ton) und Entwarnung (gleichbleibender Ton) zu unterscheiden. Man suchte den im eigenen Haus eingebauten oder den nächstgelegenen öffentlichen Schutzkeller auf und hatte sein »Alarmpäckchen« immer griffbereit zur Hand. Der für uns zuständige Luftschutzraum lag im Keller des Landgerichts. Die Sirene war auf dem Dachreiter des Landgerichts angebracht und hieß für die sechsjährige Schwester immer nur »Die Sirene auf Vaters Turm«. Allgemein wurde Verdunkelung angeordnet, die man durch Abblenden der Lichtquellen (zum Beispiel durch schwarze Rollos an den Fenstern oder durch blaues Licht) erreichte und für die Zeit vom Einbruch der Dunkelheit bis zum Hellwerden vorgeschrieben war. Luftschutzverordnungen regelten alle Einzelheiten, auch für Autos und Fahrräder. Die Straßen erschienen abends wie ausgestorben. Wer nicht auf sorgfältige Verdunkelung achtete, hörte schon bald von Straßenpassanten den tadelnden Ruf »Licht aus!« und musste im Übrigen mit einer Verwarnung des Blockwarts oder Luftschutzwarts rechnen. Für den Gang durch die dunklen Straßen gab es verschiedene – teilweise sogar modisch aufgemachte – Phosphorleuchtabzeichen zum Anstecken an die Kleidung, damit man sich gegenseitig als Fußgänger erkennen konnte. Auch wenn die Jugend dies alles nicht ganz so ernst nahm: Wir spürten doch eine gewisse Beklemmung durch die allseits bedrückende Athmosphäre.

Am 1. September 1939 war es dann so weit. Nachdem Hitler wenige Tage zuvor den lange vorbereiteten Angriffsbefehl (»Fall Weiß«) nochmals zurückgezogen hatte, weil ihm einerseits der Nichtangriffspakt zwischen England und Polen in die Quere gekommen war, andererseits Mussolini hinsichtlich seiner

Beistandszusage einen Rückzieher gemacht hatte, erfolgte nunmehr – und zwar ohne Kriegserklärung – der endgültige Angriffsbefehl am 31. August und der Beginn des Krieges gegen Polen in der Nacht zum 1. September. Als Angriffszeit war 4:45 Uhr festgelegt. Es begann, um nach außen hin einen »polnischen Übergriff« als Auslöser der militärischen Aktion hinstellen zu können, mit dem vorgetäuschten – tatsächlich von der SS durchgeführten – Angriff auf den Sender Gleiwitz (»Aktion Birke«) und mit der Beschießung der Westerplatte und der Halbinsel Hela durch das Schulschiff »Schleswig-Holstein«. Anschließend rückten deutsche Truppen an mehreren Stellen in Polen ein. Für denselben Tag wurde eine Führerrede angekündigt, die ich meiner Erinnerung nach auf der Straße aus einem offenen Fenster heraus angehört habe; jedenfalls habe ich die knarrige Stimme Hitlers, deren Tonfall ebenso wie seine bekannt abgehackte Gestik wohl der Vision entsprang, er verkörpere das Soldatisch-Männliche schlechthin, noch deutlich im Ohr: »Ab 5 Uhr 45 wird jetzt zurückgeschossen«. Ebenfalls am 1.September wurde Danzig, das seit 1920 als selbständiger Staat »Freie Stadt Danzig« unter Völkerbundsverwaltung gestanden hatte, dem Deutschen Reich eingegliedert und Hauptstadt des Gaues Deutsch-Westpreußen. Pünktlich zu Beginn des Krieges – wobei die deutsche Propaganda zunächst den Gebrauch des Wortes »Krieg« peinlich vermied – ertönte dann auch der erste Wehrmachtsbericht, der von den Einsätzen des Heeres, der Luftwaffe und der Marine berichtete und (wie auch in der Folgezeit stets) mit den Worten begann: »Das Oberkommando der Wehrmacht gibt bekannt«. Spätere Sondermeldungen wurden jeweils mit einer aufrüttelnden und die Spannung steigernden Signalmelodie eingeleitet.

Am 3. September 1939 ließen England und Frankreich in getrennten diplomatischen Noten erklären, mit Deutschland werde der Kriegszustand bestehen, wenn nicht innerhalb eines kurzfristigen Ultimatums der Rückzug der deutschen Truppen aus Polen zugesagt werde. Hitler ging auf das Ultimatum nicht ein, sondern ließ die Truppen weiter nach Osten marschieren; England und Frankreich griffen dennoch (jedenfalls vorerst) nicht in das Kriegsgeschehen ein. Die polnische Armee, die teilweise noch ihre mit Lanzen bewaffnete Kavallerie einsetzte, konnte der technisch weit überlegenen deutschen Wehrmacht keinen ernsthaften Widerstand leisten. Das deutsche Heer rückte mit modernen Panzern vor, die Luftwaffe setzte Stukas (Sturzkampfbomber) mit ihrem entnervenden Angriffsgeheul ein. Hinzu kam, dass am 17. September die sowjetischen Truppen aufgrund des Geheimabkommens mit Hitler in Ostpolen einfielen. Nach tagelanger Bombardierung und Beschießung Warschaus kapitulierte Polen am 27. September. Rund 700.000 polnische Soldaten ergaben sich und kamen in deutsche Gefangenschaft. Der polnische »Blitzkrieg« war damit nach knapp vier Wochen beendet. Am 28. September wurde das polnische Staatsgebiet zwischen Deutschland und der Sowjetunion aufgeteilt; zugleich wurden in Ergänzung des früheren Geheimabkommens bestimmte weitere Interessengebiete wechselseitig anerkannt.

Vorerst herrschte nun (wenn auch trügerische) Ruhe. In der Heimatstadt Essen war nach meinen Aufzeichnungen am 3. September 1939, einem Sonntag, kurz vor 12 Uhr der erste Fliegeralarm im Kriege, danach nochmals in der Nacht vom 4. zum 5. September. Wie es hieß, soll es sich jeweils nur um ein einzelnes Aufklärungsflugzeug gehandelt haben. Noch blieben wir also verschont. Davon, dass Hitler schon ab September den deutschen

Angriff im Westen vorbereitet, seinen Angriffsplan aber – teilweise wegen des Widerstandes der Generalität, teilweise wegen schlechter Witterung – mehrmals verschoben hatte, erfuhren wir selbstverständlich nichts. Jedenfalls fand ein Angriff, der den Beginn des Westfeldzuges bedeutet hätte, bis Ende 1939 nicht statt. Von Kriegsereignissen hörte man – abgesehen von einzelnen Aktionen im beginnenden Seekrieg (zum Beispiel U-Boot-Erfolge mit Kapitänleutnant Prien) – in diesen Monaten nur insoweit, als es um den finnisch-sowjetischen Winterkrieg ging, der von November 1939 bis März 1940 stattfand. Ob damals auch die kriegerische Auseinandersetzung Japans gegen China mit der im Herbst 1939 beginnenden fernöstlichen Offensive in der Mandschurei bei uns Gesprächsthema war, weiß ich nicht mehr.

7. Kapitel

1940

1940 wurde zum Jahr der deutschen »Blitzkriege«, die innerhalb kürzester Zeit von April bis Juni zur Besetzung von sechs Staaten im Norden und Westen Deutschlands führten. Die Zahl der betroffenen Staaten und die weitere Entwicklung ab Mitte des Jahres zeigten schon bald, dass es sich – über Europa hinaus – tatsächlich um einen »Weltkrieg« handelte. Das beängstigend um sich greifende außenpolitische und militärische Geschehen schlug alle in seinen Bann. Die zeitweise aufkommende Friedensstimmung erschien unwirklich und unheimlich. Die Innenpolitik war bestimmt von Zwangsbewirtschaftung und Dienstverpflichtungen, aber auch von einer Intensivierung geheimer Verfolgungsmaßnahmen. Private Erlebnisse und Empfindungen erscheinen unter solchen Umständen als zweitrangig, sollen aber dennoch vorab kurze Erwähnung finden.

Durch Verordnung vom 29. Juni 1940 wurden die Schulen angewiesen, in den Oberstufen täglich den Wehrmachtsbericht zu besprechen. Wir in der Unterstufe bekamen nur die Anregung, zu Hause den Frontverlauf auf einer Karte zu verfolgen. Tatsächlich hatte ich dort eine solche Karte immer griffbereit und markierte die aktuellen Truppenbewegungen mit bunten Stecknadeln. Da es mich nach wie vor zur Fliegerei hinzog, waren meine besonderen Idole die Jagdflieger Mölders und Galland, die beide im September 1940 das »Eichenlaub zum Ritterkreuz des Eisernen

Kreuzes« erhielten, Mölders sogar kurze Zeit später (nach seinem 100. Luftsieg) die »Schwerter und Brillanten zum Ritterkreuz«. Auch die ständigen Siegesdarstellungen in der Wochenschau, im Wehrmachtsbericht und in den Sondermeldungen sowie der Besuch eines Offiziers in der Schule, der von Fronterlebnissen erzählte und die Offizierslaufbahn als attraktiv erscheinen ließ, weckte bei uns Schülern eine gewisse Begeisterung. Mindestens ebenso begeistert aber waren wir beim Fußballspielen von unseren Vorbildern Szepan und Kuzorra. Hier kam noch hinzu, dass unser Klassenlehrer ein begeisterter Schalke-Anhänger war, der uns häufig – teilweise aus freien Stücken, teiweise von uns geschickt hingelenkt – an der Tafel den Verlauf des letzten Spieles aufzeichnete und kommentierte. Solche Unterbrechungen waren uns bei der in der Quarta doch deutlich zunehmenden Büffelei stets willkommen.

Wir hatten nun neben Latein auch noch Griechisch, ein Fach, das mir an sich sehr gut gefiel, aber am Anfang (von der Schrift über die Vokabeln bis zur Grammatik) doch viel Einsatz verlangte. Die im Unterricht auch zur Sprache kommende griechische Mythologie veranlasste mich, schwierigere Namen und Fakten in Verse zu fassen, um sie besser zu behalten. Ich entsinne mich noch, dass das »Gedicht« über die Unterwelt den dreiköpfigen Höllenhund behandelte und mit den Zeilen begann:

> »Es fährt der greise Fährmann Charon
> die Seelen über den Acheron;
> das ist der Fluss, der den Hades umfließet,
> an dessen Ufern kein Blümlein sprießet.«

Im Schulalltag waren die Klassenarbeiten – wie wohl überall – die aufregendsten Ereignisse und das Pauken von unregelmäßigen Verben die lästigste Aufgabe. Außergewöhnliches vom Schulleben gibt es im Jahre 1940 kaum zu berichten, allenfalls, dass der Sportunterricht zunahm, der Religionsunterricht abnahm und die Sommerferien wegen der häufigen nächtlichen Fliegerangriffe verlängert wurden (5.Juli bis 15.September). Ich nutzte die langen Ferien für vier Radtouren:

Am 8. August 1940 fuhr ich mit meinen Freunden Fried J. und Heinz F. nach Düsseldorf, wo wir im Wald zünftig abkochten und Indianer spielten; wir waren eben doch noch rechte Kinder. Vom 10. bis zum 14. August ging es mit Fried J. nach Coesfeld und zum Benediktinerkloster Gerleve, wo wir Pater Dr. Schwake wiedertrafen. Vom 20. bis zum 29. August radelte ich allein über Aachen, Eupen, Malmedy, St.Vieth (durchs hohe Venn), Schloss Bracht und Waxweiler nach Trier, zurück über Maria-Laach, Remagen und Köln; alle Übernachtungsstationen hatte der Vater vorher sorgfältig ausgesucht und festgemacht (meistens in einem Pfarrhaus oder einem Kloster). Die vierte Radtour – zusammen mit Bruder Klaus – führte uns am 1. September nach Emmerich und hatte einen besonderen Grund: Unsere Großeltern feierten dort am nächsten Tag im Kreise der großen Familie ihre diamantene Hochzeit. Klaus und ich dienten bei der Messe, die Dechant Sprünken von der Adelgundiskirche feierte, und zwar in der Wohnung Arndtstraße 5, da die Großeltern altersbedingt die Kirche nicht mehr aufsuchen konnten. Unverhofft erschien plötzlich auch unser Vetter Paul in Soldatenuniform; er kam von der Front und hatte kurzfristig Sonderurlaub erhalten. Ich sah ihn bei dieser Gelegenheit zum letzten Mal, da er kurze Zeit später gefallen ist. Von Jahr zu Jahr häuften sich jetzt in den Tageszeitungen die mit einem Eisernen Kreuz versehenen Todesanzeigen, in denen oft von »stolzer Trauer« die Rede war (»auf dem Felde der Ehre« oder »für Führer, Volk und Vaterland« gefallen).

An verschiedene kriegsbedingte Beeinträchtigungen im Alltag hatte man sich inzwischen gewöhnt. Bei Einkäufen waren in erster Linie die (kaum ausreichenden) Lebensmittelmarken und Bezugscheine wichtig, nicht so sehr das Geld. Die Versorgungslage wurde immer angespannter. Eintopfgerichte, Pellkartoffeln (mit einem Stich Butter) oder Graupensuppe (mit sogenannten Kälberzähnen) kamen nun öfter auf den Tisch. Malzkaffee ersetzte den Bohnenkaffee, Magermilch trat an die Stelle von Vollmilch. Als Beauftragter für den Vierjahresplan rief Göring zu einer groß angelegten Metallspende auf. Alles, was man an Kupfer, Bronze, Messing entbehren konnte, sollte für die Rüstungsproduktion »dem Führer geschenkt werden«. Auch sonstige Altstoffsammlungen wurden immer dringender den »Volksgenossen« ans Herz gelegt. Wir brachten Papier ebenso wie Zahnpastatuben und Knochen als Altmaterial zur Schule mit, wo entsprechende Sammelbehälter aufgestellt waren. Auch fanden in unregelmäßigen Abständen plötzliche Luftschutzübungen statt sowie Einweisungen in die Handhabung der verschiedenen Löschgeräte (Feuerpatschen usw.). Die Straßenlaternen und Fahrzeuglampen wurden nunmehr so verdunkelt, dass das Licht nur noch durch einen schmalen Schlitz auf die Straße fallen konnte. Im September 1940 wurde überraschend die Kinderlandverschickung (KLV) angeordnet, die zwar freiwillig war, aber für das ganze Land eine riesengroße Aktion in Bewegung setzte. Meine Eltern hatten sich entschieden, mich nicht in die KLV zu schicken. Aus denjenigen, die zu Hause blieben, wurde im Burggymnasium später eine eigene Klasse gebildet. Hierüber wird noch zu berichten sein. Nichts mit dem Krieg zu tun hatte ein heftiger Sturm, der am 14. November 1940 die Stadt Essen heimsuchte. Ich war als Fußgänger unterwegs und musste mich in der Kortumstraße, da ich auch bei Einsatz aller Kraft nicht gegen den Sturm ankam, an einer Mauer festhalten. Bei dieser Gelegenheit wurde der hohe, spitze Turm der Mariä-Empfängnis-Kirche einfach umgeweht!

Das Schwergewicht der Ereignisse im Jahre 1940 lag zweifellos auf der außenpolitischen und militärischen Seite. Nach Abschluss des finnisch-sowjetischen Friedensvertrages Anfang März 1940 und nach einem Treffen mit Mussolini Mitte März am Brenner befahl Hitler Anfang April die Durchführung des Unternehmens »Weserübung«: Die deutsche Regierung teilte der dänischen und der norwegischen Regierung mit, es stehe ein unmittelbarer Angriff der Alliierten bevor. Um die Neutralität beider Länder zu schützen, sei eine Invasion deutscher Truppen erforderlich. Die militärische Aktion sei als reine Schutzmaßnahme gedacht; es solle deshalb kein Widerstand geleistet werden. Daraufhin rückten deutsche Truppen, transportiert und unterstützt von Marineeinheiten und Luftlandetruppen, ohne Kriegserklärung am 9. April in Dänemark und Norwegen ein. Dänemark wurde praktisch ohne Widerstand innerhalb eines Tages besetzt. Der teilweise heftige Widerstand norwegischer Streitkräfte, die durch (in Narvik gelandete) alliierte Truppen unterstützt wurden, dauerte immerhin zwei Monate. Auf deutscher Seite taten sich dabei insbesondere die Gebirgsjäger unter General Dietl hervor. Dann erfolgte die norwegische Kapitulation. Zum Reichskommissar für die besetzten norwegischen Gebiete wurde der Essener Gauleiter Terboven ernannt.

Zuvor hatte Hitler bereits mit der Begründung, das Ruhrgebiet müsse vor einer alliierten Invasion geschützt werden, eine neue Offensive für den 10. Mai 1940 befohlen: die Besetzung der neutralen Länder Niederlande, Belgien und Luxemburg (»Fall Gelb«). Auch diese ohne Kriegserklärung begonnene Großoffensive war innerhalb kurzer Zeit abgeschlossen, nachdem Rotterdam bombardiert, Brüssel kampflos besetzt und der französische Verteidigungswall (die Maginotlinie) erreicht war. Die besetzten Länder kapitulierten und die Alliierten evakuierten einen Großteil ihrer Truppen (gerade noch rechtzeitig bis zum 4. Juni) bei Dünkirchen über den Kanal. Auch die normannischen Inseln (die sogenannten Kanalinseln) wurden wenig später von deutschen Truppen besetzt.

Unmittelbar nach der Besetzung Dünkirchens folgte Hitlers Weisung für die am 5. Juni 1940 beginnende Schlacht um Frankreich (»Fall Rot«), gleichsam die zweite Phase des Westfeldzuges. Unerwartet schnell wurde auch dieser »Blitzkrieg« mit der kampflosen Einnahme von Paris am 14. Juni und der Kapitulation Frankreichs am 17. Juni beendet. Marschall Pétain bildete eine neue französische Regierung und bat um Waffenstillstand. Dieser wurde dann am 22. Juni im Wald von Compiègne (in demselben Eisenbahnwagen wie beim Kriegsende 1918) unterzeichnet. Die Bedingungen hierfür hatten Hitler und Mussolini, der inzwischen (am 10. Juni) Großbritannien und Frankreich den Krieg erklärt hatte, gemeinsam festgelegt: Frankreich wurde in eine besetzte und eine unbesetzte Zone aufgeteilt, Letztere (im Süden des Landes) der Regierung Pétains unterstellt. Währenddessen hatte sich General Charles de Gaulle in London zum Führer des »Nationalkomitees des Freien Frankreich« erklärt und zum Widerstand gegen Hitler aufgerufen. In der deutschen

Bevölkerung, die noch unter dem Eindruck der Niederlage im Ersten Weltkrieg und der harten Bedingungen des Versailler Vertrages stand, wurde der schnelle Sieg über Frankreich begeistert aufgenommen; hinsichtlich der Besetzung der übrigen Staaten herrschte aber offensichtlich – zumindest teilweise – Unsicherheit in der Beurteilung des Geschehens.

Hitler, der nach dem Sieg über Frankreich einen regelrechten Freudentanz aufgeführt haben soll, richtete seinen Blick nunmehr auf England. Zunächst erwartete er von Churchill, der im Mai 1940 Nachfolger des Premierministers Chamberlain geworden war, ein Friedensangebot. Als dieses ausblieb, plante er die – auch von Churchill selbst befürchtete – Eroberung Englands durch Invasion (Unternehmen »Seelöwe«). Schließlich entschied er sich aber, nachdem er den Plan mehrmals verschoben und letztlich wohl als aussichtslos aufgegeben hatte, für verschärfte Luftangriffe auf England. Diese begannen mit großen Bomberformationen am 13. August 1940 und hatten – neben erheblichen deutschen Verlusten – zur Folge, dass wenige Tage später der erste englische Luftangriff auf Berlin stattfand. Die in den nächsten Monaten sich ständig ausweitenden Luftangriffe der Engländer, die die Bevölkerung im gesamten Reichsgebiet als Bombenterror erlebte, führte zu ebensolchen Großangriffen deutscher Verbände auf England. Die »Schlacht um England«, meist in Nachtangriffen ausgeführt, brachte auf beiden Seiten starke Verluste. Neben zahlreichen Gefallenen und Verwundeten sollen es auf deutscher Seite mehr als 2.000 Flugzeuge gewesen sein, die verloren gingen. Wir im Jungvolk aber marschierten im Gleichschritt und sangen aus vollem Hals: »Denn wir fahren, denn wir fahren, denn wir fahren gegen Engeland, Engeland. Ahoi!« Göring, der für die Luftabwehr zuständige Reichsmarschall, wurde seit den ersten

Angriffen hinter vorgehaltener Hand nur noch »Meier« genannt, hatte er doch zuvor wichtigtuerisch gewettet, er wolle, wenn auch nur eine einzige Bombe auf das Reichsgebiet falle, Meier heißen.

Außer den unmittelbaren Kampfereignissen, zu denen nicht zuletzt der Seekrieg (unter anderem der verstärkte Einsatz der U-Boot-Flotte) gehörte, sorgte auch die Außenpolitik für eine Ausweitung der kriegerischen Auseinandersetzungen bis über Europa hinaus. Zwar hatte Franco den Wunsch Hitlers nach einem Eintritt Spaniens in den Krieg abgelehnt. Jedoch wurde am 27. September 1940 der sogenannte Dreimächtepakt zwischen dem Deutschen Reich, Italien und Japan geschlossen, der die Beteiligten zur vollen gegenseitigen Unterstützung verpflichtete und darüber hinaus zum Ziel hatte, die USA aus den europäischen und japanisch-chinesischen Konflikten herauszuhalten. Diesem Pakt traten im November auch noch Ungarn, Rumänien und die Slowakei bei. Italien versuchte auf eigene Faust, kriegerische Erfolge in Griechenland und in Nordafrika zu erreichen. In beiden Fällen erlitt Mussolini jedoch Niederlagen.

Währenddessen hatte Hitler bereits den Ostfeldzug im Visier. Nachdem er am 13. Dezember 1940 die Führeranweisung Nr. 20 (»Unternehmen Marita«) erlassen hatte, wonach Griechenland im Frühjahr 1941 mit Hilfe Rumäniens und Bulgariens besetzt werden sollte, gab er am 18. Dezember die Führeranweisung Nr. 21 (»Barbarossa«) heraus: Die sowjetische Armee sollte, falls es sich als nötig erweise, überraschend angegriffen und in einem kurzen Sommerfeldzug besiegt werden. Damit war die Grundlage für ein vernichtendes Ende der deutschen Angriffskriege gelegt, zumal gleichzeitig Roosevelt die Bereitschaft der USA erklärte, England zu unterstützen. Der »größte Feldherr aller

Zeiten« (der künftig den Spottnamen »Gröfaz« trug) hatte den Bogen auch militärisch weit überspannt.

In der Innenpolitik stach 1940 neben der bereits erwähnten Zwangsbewirtschaftung insbesondere die verstärkte Waffenproduktion und die allgemein forciert betriebene Ausweitung der Kriegswirtschaft ins Auge. Diese wurde jetzt zusätzlich durch Ausbeutung der besetzten Staaten (durch Zwangsabgaben und Abbau von Bodenschätzen) sowie durch den Einsatz deportierter Zwangsarbeiter erreicht. Die zur Zwangsarbeit nach Deutschland deportierten polnischen Arbeiter unterlagen zahlreichen Beschränkungen: Verbot jeglichen Verkehrs mit deutschen Frauen und Mädchen (Verhängung der Todesstrafe bei Zuwiderhandlung!); Verpflichtung zum Tragen des Kennzeichens »P« auf sämtlichen Kleidungsstücken; Verbot der Benutzung öffentlicher Verkehrsmittel; Aufenthaltszwang am Arbeitsort; Verbot von Kirchen-, Kino- und Theaterbesuchen. Weiterhin wurden 1940 mehrere neue Konzentrationslager errichtet, so im Juni das zunächst als Durchgangslager vorgesehene und später zum Vernichtungslager umfunktionierte KZ Auschwitz (mit dem Lagerleiter Rudolf Höß). Im Oktober folgte die Errichtung des jüdischen Großghettos in Warschau. Auch die deutsche Bevölkerung bekam die verschärfte Gangart des Naziregimes zu spüren. Das Abhören ausländischer Sender wurde unter schwere Strafe gestellt, bei Weiterverbreitung solcher Nachrichten konnte auch die Todesstrafe verhängt werden. Im Übrigen fand die Nazi-Ideologie ihre besondere Ausprägung darin, dass der Reichsführer SS Heinrich Himmler alle SS-Männer sowie unverheiratete »deutsche Frauen und Mädchen guten Blutes« aufforderte, noch während des Krieges Kinder in die Welt zu setzen (SS-Einrichtung »Lebensborn«). Er war es auch, der im Zusammenwirken mit dem Generalgouverneur der besetzten polnischen Gebiete (Hans Frank) die systematische Auslöschung der polnischen Intelligenz betrieb. Beide Maßnahmen sollten – einerseits durch Elitebildung »arischen Nachwuchses«, andererseits durch Ausschaltung »rassisch minderwertiger Volksgruppen« – den deutschen Vorherrschaftsanspruch in Europa sicherstellen. Davon, was in Konzentrationslagern und Ghettos geschah, haben – davon bin ich überzeugt – die Angehörigen meiner Generation, aber auch wohl die Mehrheit der erwachsenen deutschen Bevölkerung, erstmalig nach Kriegsende erfahren.

8. Kapitel

1941

Der Krieg weitete sich aus. Afrikafeldzug, Blitzkrieg auf dem Balkan, Luftlandeunternehmen auf Kreta und schließlich der Beginn des Russlandfeldzuges markieren die weltumspannenden Auseinandersetzungen ebenso wie der Krieg im Pazifik zwischen Japan und den Vereinigten Staaten (Pearl Harbor). In der Heimat nahmen die Luftangriffe und die kriegsbedingten Entbehrungen zu, wurden aber (noch) als Opfer für das Vaterland akzeptiert. Der innere Umschwung, das heißt die Ablehnung des Regimes, erfolgte in weiten Bevölkerungskreisen erst später. Für die persönliche Vita waren die wegen der KLV-Aktion neu gebildete Untertertia, der automatische Übergang vom Jungvolk in die HJ und eine einmonatige Radtour nach Süddeutschland besondere Markierungspunkte.

Warum meine Eltern mit einer Kinderlandverschickung nicht einverstanden waren, habe ich nie hinterfragt. Mögen es religiöse Gründe (NS-Schulung im KLV-Lager unter Vernachlässigung des Religionsunterrichts) oder eine Unterschätzung der drohenden Bombardierungen gewesen sein. Ich jedenfalls war froh darüber, zu Hause bleiben zu können, da mir ein kaserniertes Lagerleben mit militärischem Drill und ständigen Flaggenappellen nicht sehr verlockend erschien. Andererseits hatte das Daheimbleiben zur Folge, dass ich nunmehr in der Untertertia in eine aus den KLV-Verweigerern neu gebildete Klasse 4b kam, mit einem neuen Klassenlehrer zu tun hatte und teilweise auch neue Klassenkameraden erhielt. Studienrat Heese war ein strenger Pädagoge alten Stils, an den ich mich in den ersten Monaten sehr gewöhnen musste, dem es aber gelungen ist, bei mir echte Freude am Fach Griechisch zu wecken. Die vier nächsten Zeugnisse unter seiner Regie weisen denn auch in Griechisch eine Steigerung der Zensuren von »mangelhaft« bis »gut« auf. Religionsunterricht und Geschichte hatten wir bei dem ebenso freundlichen wie gelehrten Studienrat Heinrich Gaul (allgemein nur »Papa Gaul« genannt), der noch in vorgerücktem Alter seinen Dr. theol. machte und den Titel Monsignore erhielt. Übrigens erscheint es in diesem Zusammenhang bemerkenswert und für die zunehmende Konfrontation von Staat und Kirche bezeichnend, dass seit Ende 1941 für das Fach Religion keine Zensur mehr in dem eigentlichen Zeugnis erteilt werden durfte, sondern nur noch in einem isolierten Zeugnis die »Teilnahme am konfessionellen Religionsunterricht« bescheinigt wurde. Biologie gab Studienrat Dr. Werner Heinen, der mehrere Bücher – unter anderem über den Botaniker Gregor Mendel (»Der junge Genius«) – veröffentlicht hat und im Essener Anzeiger unter der Überschrift »Dichter unter uns« als Gestalter deutscher Landschaft und Tierwelt geehrt wurde. Gute Mitarbeit im Biologieunterricht belohnte er dadurch, dass er uns Tiergeschichten aus seinen Büchern vorlas. Jüngere Lehrer (zum Beispiel der allseits beliebte Studienassessor Dr. Knögel) wurden zur Wehrmacht eingezogen und sind teilweise nicht mehr von der Front zurückgekehrt. Einzelne Fächer wie der Musikunterricht mussten, wie im Zeugnis durch Stempelaufdruck bescheinigt wurde, schon bald »infolge Mangels an Lehrern« ganz ausfallen. In Mathematik wurden wir praktisch während der gesamten Schulzeit von Studienrat Nöller, einem stets ruhigen und angenehm sachlichen Lehrer, unterrichtet. Er war einer der wenigen, die zu Streichen keinerlei Anlass boten, sondern – bei allem Respekt, den wir ihm zollten – irgendwie kameradschaftlich mit den Schülern verbunden war. Er wurde später während der Luftwaffenhelferzeit auch unser Betreuungslehrer.

Mit 14 Jahren kam der Zeitpunkt, in dem die Mitgliedschaft im Jungvolk automatisch in eine solche der Hitler-Jugend (HJ) umgewandelt wurde. Dennoch kam ich nicht in die »normale« HJ; denn ich hatte mich – im Hinblick auf die Möglichkeit, nun endlich mit dem Segelfliegen zu beginnen – rechtzeitig vorher für die Flieger-HJ gemeldet. Meine Eltern waren davon nicht gerade begeistert, hatte doch mein Vetter Hans Kraemer, der als Fluglehrer tätig war, wenige Jahre zuvor bei einem Testflug mit einem Segelflugzeug den Tod gefunden. Ich dachte weniger an Risiko und Absturz, sondern mehr an die schon erwähnten Fliegeridole Möllers und Galland und an das herrliche Erlebnis des früheren Rundflugs mit der Kindermöwe. Außerdem freute ich mich besonders über die völlig andere Art des Dienstes bei der Flieger-HJ. An die Stelle der allgemein unbeliebten Verpflichtungen (Antreten, Drill und immer wieder Marschieren) traten nunmehr der interessante theoretische Flugunterricht sowie zahlreiche Werkstattstunden, die wir zur Vorbereitung auf die A-Prüfung ableisten mussten und uns jeweils im Werkstattbuch bescheinigen ließen. Teilweise handelte es sich bei der Werkstattarbeit um Modellbau, teilweise auch um die Mitarbeit am Bau richtiger Segelflugzeuge. Wir kamen uns (ähnlich wie die Marine-HJ) gegenüber der allgemeinen Hitler-Jugend privilegiert oder gar so etwas wie die Elite vor. Durch den häufigen theoretischen Unterricht, zu dem auch Wetterkunde, Gerätekunde und die verschiedenen Arten des Segelfliegens (Hangsegeln,

Thermiksegeln usw.) gehörten, waren wir bestens vorbereitet, als es eineinhalb Jahre später tatsächlich mit der praktischen Segelfliegerei losging.

Wegen der zunehmenden Luftangriffe war meine Cousine Hanna, deren Mann an der Front war, mit ihrem dreijährigen Jungen evakuiert, und zwar lebte sie auf einem Allgäuer Bauernhof in Weitnau. Eines Tages nach Beginn der Sommerferien eröffnete mir mein Vater, ich dürfe mit dem Rad nach Weitnau fahren und einige Zeit auf dem Bauernhof bleiben. Ich hätte in die Luft springen können vor Freude. Drei Tage hatte ich Zeit für die Vorbereitung: Besorgung von Kartenmaterial (die Kartentasche wurde auf dem Lenker befestigt), Festlegung der Teilstrecken, Packen des »Affens«, der hinten auf den Gepäckträger geschnallt wurde. Dann ging es am 8. Juli 1941 los, einem Tag mit brütender Hitze. Ich trug eine kurze Hose, ein langärmeliges Oberhemd, Kniestrümpfe und Halbschuhe; außerdem hatte ich griffbereit hinten aufgeschnallt meine Windjacke. Übernachtungsorte waren Remagen, Bingen, Ludwigshafen, Freiburg und Konstanz. Von da setzte ich mit dem Schiff nach Meersburg über. Für die Übernachtungen, die regelmäßig in Pfarrhäusern oder Klöstern stattfanden, bewährte sich ein besonderer Ablauf. Ich stellte mich abends bei der Ankunft vor, berichtete vom Woher und Wohin und erklärte mich bereit, am nächsten Morgen die Messe zu dienen. Stets wurde ich freundlich aufgenommen und konnte neben dem Messedienen ab und zu auch in anderer Weise aushelfen (Blasebalg treten oder Glocke läuten). Nach der Messe erhielt ich ein Frühstück, ein (damals besonders wichtiges) »Fresspaket« für den Tag und meist auch eine Empfehlung für das nächste Pfarrhaus oder Kloster. So fühlte ich mich – obwohl allein unterwegs – während der ganzen Tour gut behütet und kam ohne jeden Zwischenfall am 15. Juli wohlbehalten in Weitnau an. Dort blieb ich bis zum 3. August und half dem Bauern, bei dem es die evakuierten Verwandten gut angetroffen hatten, bei der Arbeit. Besonders gefielen mir die Fahrten mit dem Pferdegespann, die handgemachte (ziemlich langwierige) Butterherstellung und die Tätigkeit bei den Tieren im Stall. Auf dem Rückweg, für den ich eine andere Strecke (über Füssen, Rothenburg o. T. und Aschaffenburg) ausgesucht hatte, hielt ich mich zwei Tage in Augsburg auf, wo mich ein freundlicher Theologiestudent herumführte und mir die Sehenswürdigkeiten (Dom, Fuggerei) zeigte. Mit einem Pater machte ich im Klostergarten einen Spaziergang und sprach mit ihm über meinen Berufswunsch, der damals noch in Richtung Theologie ging. Seine Anregung, die Frage der Berufung gründlich zu prüfen und mir mit einer Entscheidung Zeit zu lassen, machte mich sehr nachdenklich. Wir gingen langsam im Klostergarten auf und ab und ich dachte, es sei besonders höflich, wenn ich bei der Kehrtwendung jedes Mal auf die linke Seite wechselte. Er belehrte mich, dass dies nicht einmal bei einem Bischof nötig sei. Auf der weiteren Rückfahrt musste ich einmal einen Pannenstopp einlegen, da mein Rad einen »Platten« hatte. Ich schob das Rad zu einem Bach, fand die lecke Stelle in der üblichen Weise (aufgepumpten Schlauch unter Wasser halten) und hatte den Schaden bald behoben. Bis auf diese kleine Reifenpanne ist die Rückfahrt ebenso wie die Hinfahrt glatt verlaufen. In der Rückschau bin ich hierüber und über meinen Eindruck einer rundum friedvollen Tour selbst erstaunt, befanden wir uns damals doch immerhin schon am Ende des zweiten Kriegsjahres.

Tatsächlich weitete sich das Kriegsgeschehen im Jahre 1941 immer weiter aus.

Nach den Niederlagen der italienischen Truppen in Nordafrika (unter anderem Verlust der ostlibyschen Hafenstadt Tobruk in der Cyrenaika) entschloss sich Hitler, Mussolini zu Hilfe zu kommen. Er schickte Anfang 1941 deutsche Luftwaffen- und Heeresverbände nach Italien und Libyen und stellte das sogenannte Afrikakorps unter den Befehl des bewährten Generals Erwin Rommel. Am 24. März begann der erfolgreiche Vorstoß Rommels von El Agheila aus durch die gesamte Cyrenaika bis zur libysch-ägyptischen Grenze. Nur die Wüstenfestung Tobruk, die von See her Verstärkung durch australische Truppen erhalten hatte, wurde noch nicht eingenommen, sondern zunächst beharrlich belagert. Rommel, der bei seinen Soldaten als zwar streng und korrekt, aber auch als menschlich und freundlich galt, wurde zum Generalfeldmarschall befördert und erhielt bei Freund und Feind den anerkennenden Spitznamen »Wüstenfuchs«. In Deutschland waren seine Siege Gegenstand von Sondermeldungen und wir sangen das Marschlied:

»Weit über Afrikas Boden die Sonne glüht,
unsere Panzermotoren singen ihr Lied.
Deutsche Panzer im Sonnenbrand
ziehen zum Kampf gegen Engeland;
es rasseln die Ketten, es dröhnt der Motor,
Panzer rollen in Afrika vor.«

Von der wechselvollen Geschichte des weiteren Afrikafeldzuges bis hin zur Kapitulation des Afrikakorps im Mai 1943 ahnte noch niemand etwas.

Etwa gleichzeitig mit dem Beginn des deutschen Afrikafeldzuges begann der Blitzkrieg auf dem Balkan. Eingeleitet wurde die

Offensive gegen Jugoslawien (wo ein unblutiger Staatsstreich erfolgt war) und Griechenland am 6. April 1941 durch einen verheerenden Luftangriff auf Belgrad. Die jugoslawische Armee kapitulierte – nach Einkreisung ihrer Truppen in Bosnien – bereits am 17. April. Wenige Tage später (am 21. April) folgte die Kapitulation Griechenlands. Anders als bei der Besetzung des griechischen Festlandes wurde auf der von britischen Truppen besetzten Insel Kreta heftiger Widerstand geleistet. Bei der in der Zeit vom 20. Mai bis zum 1. Juni 1941 stattfindenden Eroberung Kretas durch ein riesiges Luftlandeunternehmen wurden auch Lastensegler und Fallschirmjäger eingesetzt. Die deutschen Verluste waren sehr hoch, besonders bei den Fallschirmjägern, die teilweise noch in der Luft abgeschossen wurden. Rund zehn Prozent der eingesetzten deutschen Soldaten waren gefallen, bevor die restlichen britischen Truppen bis an die Küste vertrieben waren und sich noch – ähnlich wie in Dünkirchen – rechtzeitig über das Meer retten konnten, diesmal nach Ägypten.

Vor Beginn des anschließenden Russlandfeldzuges erfuhr die deutsche Bevölkerung – abgesehen von ständigen Erfolgsmeldungen der Luftwaffe und der Marine (besonders der U-Boot-Flotte) – noch von zwei Ereignissen: Anfang Mai 1941 flog Rudolf Heß, der Stellvertreter des Führers, allein und ohne Wissen Hitlers von Augsburg nach Schottland, sprang dort mit dem Fallschirm ab und erklärte sein eigenmächtiges Unternehmen damit, er wolle versuchen, Großbritannien zum Friedensschluss zu bewegen. Uns wurde ganz kurz und beinahe hinter der vorgehaltenen Hand gesagt, Heß habe im Zustand geistiger Verwirrung gehandelt. Das zweite Ereignis fand am 26. Mai 1941 statt. Das deutsche Schlachtschiff »Bismarck« wurde, nachdem es Tage zuvor noch zusammen mit dem Kreuzer »Prinz Eugen« den größten britischen Schlachtkreuzer »Hood« vernichtet hatte, von mehreren britischen Schiffen und Trägerflugzeugen bewegungsunfähig geschossen und dann durch Torpedos versenkt. Zahlreiche deutsche Marinesoldaten fanden dabei den Tod.

Mitte 1941 kam es dann zum Russlandfeldzug, nach Hitlers Beurteilung ein »Krieg zweier Weltanschauungen«, der nicht nur weiterer Expansion im Osten dienen und England zum Einlenken bringen sollte, sondern dessen naziideologisches Ziel in erster Linie der Sieg der »germanischen Herrenrasse« über das »slawische Untermenschentum« war. Im offiziellen Sprachgebrauch waren die Russen, mit denen Hitler noch kurze Zeit vorher einen Nichtangriffspakt nebst Geheimabkommen geschlossen hatte, von da an nur noch »minderwertige Bolschewisten«, deren Politoffiziere – nach seinem ausdrücklichen »Kommissarbefehl« – bei Gefangennahme getötet werden mussten. Hitler hatte sein Hauptquartier inzwischen ins ostpreußische Sumpfgebiet verlegt (»Wolfsschanze«) und ließ sich in der Öffentlichkeit kaum noch blicken. Sein schon 1940 ausgearbeiteter Angriffsplan (»Unternehmen Barbarossa«), wonach Russland in einem schnellen Feldzug, also wiederum einem Blitzkrieg, niedergeworfen werden sollte, war ursprünglich auf Mai 1941 terminiert, dann aber wegen des Balkankrieges und wegen schlechter Witterung auf den 22. Juni 1941 verschoben worden. An diesem Tage stießen die deutschen Truppen – ohne vorherige Kriegserklärung – auf breiter Front in drei Heeresgruppen (Nord, Mitte und Süd) vor und überrumpelten die auf einen Angriff nicht vorbereiteten Russen. Über drei Millionen deutsche und verbündete Soldaten, massiv unterstützt von einer mächtigen Luftflotte, drangen über das Baltikum, Weißrussland und die Ukraine tief in das Gebiet der Sowjetunion vor. Russische Flughäfen wurden zerstört, ganze Armeen eingekesselt und Hunderttausende sowjetische Soldaten gefangen genommen. Die jeweils durch Panzerkeile vorbereiteten Kesselschlachten von Bialystok, Minsk, Kiew und Smolensk waren markante Punkte des weiteren Angriffs, die uns in der Heimat durch Sondermeldungen der Wehrmachtsberichte jeweils schnell bekannt gemacht wurden. Im November 1941 standen die deutschen Truppen vor Moskau, dann aber kam die Offensive zum Erliegen; sie blieb im wahrsten Sinne des Wortes im Schlamm stecken. Zunächst war es der Herbstregen, der den Boden in ein Schlammfeld verwandelte. Danach brach der Winter ein, und zwar mit einer unerwartet starken Kälte. Hierfür hatte Hitler, der an einen Blitzkrieg geglaubt hatte, keine Vorsorge getroffen. Es fehlte an Winterkleidung, an Treibstoff und an sonstigem Nachschub. Hohe Verluste und Erfrierungen deprimierten die Soldaten. Anfang Dezember setzte der sowjetische Gegenangriff ein, durchbrach an mehreren Stellen die Front und zwang die deutschen Truppen zur Aufgabe weiter Gebiete und, was beinahe ebenso schlimm war, zur Zurücklassung wertvollen Materials. Der Rückzug hatte begonnen, der Krieg war an einer entscheidenden Wende angelangt. Hitler hatte sein Ziel, Moskau und Leningrad zu erobern und hierdurch Stalin in die Knie zu zwingen, nicht erreicht.

Das Jahr 1941 brachte noch weitere Ereignisse, die für den Fortgang und die Ausweitung des Krieges von Bedeutung waren. In der sogenannten Atlantikcharta einigten sich Roosevelt und Churchill am 14. August über die Grundlagen einer künftigen Weltordnung (Selbstbestimmungsrecht der Völker und Entmilitarisierung der Angreiferstaaten). Am 24. September schloss sich die Sowjetunion dieser Grundsatzerklärung an, die sich vor allem gegen den Aggressor Hitler, aber auch gegen dessen Verbündete, insbesondere Italien und Japan, richtete. Dagegen sah Hitler die künftige Weltordnung anders: Er wollte Russland völlig ausschalten und gegenüber den USA eine Weltmachtstellung einnehmen, die auch die Rückgabe der Kolonien sowie Stützpunkte im Atlantik einschließen sollte. Italien andererseits hatte eine umfassende Herrschaft im Mittelmeerraum und Japan eine Vormachtstellung in Asien zum Ziel. Mit der Absteckung dieser Interessensphären wurde nun an allen Fronten – zu Lande, auf dem Wasser und in der Luft – unerbittlich gekämpft. Am 7. Dezember 1941 erfolgte der japanische Überraschungsschlag gegen die amerikanische Pazifikflotte in Pearl Harbor (auf der Hawaii-Insel Oahu). Bei diesem ebenso massiven wie überfallartigen Angriff auf einen der wichtigsten Flottenstützpunkte der USA wurden mehrere amerikanische Schlachtschiffe versenkt. Damit war der Krieg gegen die USA eröffnet. Die umgehende Kriegserklärung der USA an Japan (8. Dezember) und die anschließende gemeinsame Kriegserklärung Deutschlands und Italiens an die USA (11. Dezember) waren nur noch die äußeren Kennzeichen dafür, dass nunmehr aus dem europäischen Krieg tatsächlich ein Weltkrieg geworden war.

Was tat sich derweil an der »Heimatfront«? Das Luftgeschehen über Essen hatte in den ersten Monaten des Jahres 1941 mehr den Charakter von Stör- und Aufklärungsflügen, weitete sich dann aber ab September zu vereinzelten Angriffen mit Bombenabwürfen aus. Man sah nach einem solchen Angriff nicht nur abgedeckte Dächer und massenweise geborstene Fenster, sondern auch schon die ersten völlig zerstörten Häuser sowie Krater von mehreren Metern Durchmesser. Wir Jungs sammelten am nächsten Morgen Flak- und Bombensplitter, die übrigens auch als Tauschobjekte begehrt waren. Hin und wieder fanden wir Flugblätter, die man aber abliefern musste und deren Inhalt man nicht verbreiten durfte. Die dem Regime offenbar nicht genehme Essener Volkszeitung, die wir auch zu Hause bezogen, musste Ende Mai 1941 ihr Erscheinen einstellen, angeblich aus kriegswirtschaftlichen Gründen. Frauen und Mädchen begannen, Pulswärmer und Pullover für die Soldaten an der russischen Front zu stricken; allgemein wurden Mäntel und sonstige wärmende Kleidungsstücke gesammelt. Die Lebensmittelrationierung zeigte ihre Folgen: Wir lernten den Hunger kennen, lernten aber auch, jedes Stück Brot zu achten. Die Zahl der täglichen Todesanzeigen nahm zu. Die Stimmung in der Bevölkerung schien umgeschlagen; von Begeisterung war Ende 1941 nicht mehr viel zu spüren.

Im Oktober 1941 begannen die Deportationen der Juden aus Essen. Wie man heute weiß, waren es 1.200 Deportierte, die in neun Transporten zunächst ins Ghetto von Lodz und ab 1942 auch nach Auschwitz und Theresienstadt gebracht und zum größten Teil ermordet wurden. Mir selbst ist damals, wie ich guten Gewissens sagen kann, kein einziger Fall von Deportation bekannt geworden. Vom Holocaust habe ich erst nach Kriegsende erfahren. Ende des Jahres 1941 bewegte uns die Nachricht vom Flugzeugabsturz des General-Luftzeugmeisters Ernst Udet, der zwar ein Staatsbegräbnis erhielt, dessen ablehnende Haltung dem Nazi-Regime gegenüber aber gerüchteweise bekannt war. Offiziell hieß es, Udet sei beim Ausprobieren einer neuen Waffe abgestürzt; tatsächlich handelte es sich aber wohl um einen Freitod, wie man damals schon hinter vorgehaltener Hand munkelte. Interessant ist in diesem Zusammenhang der Bericht des mit ihm befreundeten Schriftstellers Carl Zuckmayer, der in seinem Buch »Als wär's ein Stück von mir« die Gründe für sein Schauspiel »Des Teufels General« spannend und erschütternd zugleich darlegt. Inzwischen hat sich die Annahme eines Freitodes längst als richtig herausgestellt, wobei es offen bleiben mag, ob der Grund hierfür eine Art Widerstandsleistung Udets gegen das Regime war oder die Reaktion darauf, dass man versucht hat, ihn für das Scheitern der Luftschlacht um England verantwortlich zu machen. Vielleicht kam auch beides zusammen. Zuckmayers Stück habe ich übrigens – als für mich erstes Schauspiel nach dem Kriege – zusammen mit meiner Freundin Ruth in der Aula der Uni Köln gesehen (mit René Deltgen in der Hauptrolle). Über Sein und Sollen von Zivilcourage in einer Diktatur kamen wir danach sehr ins Grübeln.

9. Kapitel

1942

Das neue Jahr brachte dem nun schon Vierzehnjährigen Einsätze der verschiedensten Art, so auch Erntehilfe beim Bauern, Besorgung zusätzlicher Lebensmittel für die Familie und Mithilfe bei der Beseitigung von Bombenschäden. Insgesamt gesehen war 1942 für uns in der Heimatstadt Essen – abgesehen von zunehmender Fliegertätigkeit – das letzte noch einigermaßen erträgliche Kriegsjahr. Dagegen setzten die Luftangriffe auf andere Orte (zum Beispiel Köln) bereits mit aller Härte ein. Auch die Schlacht auf dem Atlantik wurde intensiver. Das Kriegsgeschehen in Afrika und Russland wogte hin und her, blieb allerdings stellenweise auch ziemlich statisch. Die verbreitet gedrückte Stimmung in der Bevölkerung schwankte zwischen Ratlosigkeit, Angst und Durchhaltewillen. Erste Stimmen wurden laut (nein, nicht laut, sondern flüsternd), ob es für Deutschland nicht besser sei, den Krieg zu verlieren. Eine seltsame Angst ging um und überlagerte andere Empfindungen: Angst vor Bespitzelung und Verfolgung, Angst vor kommenden Luftangriffen, Angst, Angehörige an der Front zu verlieren. Man wusste oft nicht, wem man noch vertrauen konnte und wo man den Mund halten musste. Für die Jugend war es schwer, die richtige Einstellung zu den Dingen zu finden. Wir sahen die schneidigen jungen Offiziere in Ausgehuniform, nicht aber die Kriegskrüppel in den Lazaretten. Wir bewunderten die Soldaten, die ihr Leben für das Vaterland einsetzten, bewunderten die Heldentaten der Ritterkreuzträger und wollten es ihnen in sicherlich falsch verstandenem Patriotismus gleichtun. Vielleicht spielte auch eigener Ehrgeiz oder unbewusste Auflehnung gegen das (vermeintlich zu konservative) Elternhaus mit bei dem Entschluss, mich so bald wie möglich freiwillig zur Luftwaffe zu melden. Alles wollte man sein, nur kein Feigling. Damals sangen wir unbekümmert »ja, die Fahne ist mehr als der Tod«; heute grübelt man darüber, ob es nicht letztlich doch der ständige Druck des staatlich organisierten Umfeldes war, der den einzelnen Jugendlichen zu sozialer Anpassung solcher Art drängte.

Dreimal habe ich mich im Jahre 1942 jeweils für mehrere Wochen landwirtschaftlich betätigt. Beim ersten Mal, bei einem Landwirt in Mülheim-Heißen, fiel mir die ungewohnte Arbeit noch ziemlich schwer, hatte aber die damals angenehme Besonderheit, dass ich in Naturalien bezahlt wurde. Unsere Familie konnte die zusätzliche Verpflegung gut gebrauchen, da die Lebensmittelmarken vorn und hinten nicht reichten, das Notwendigste oft auch nur nach langem Schlangestehen vor den Geschäften zu ergattern war und Geld allein – wie schon mehrfach erwähnt – nicht viel brachte. Geld für meine persönlichen Bedürfnisse (Kino, Straßenbahn, Bastelartikel) hatte ich zu dieser Zeit immer hinreichend zur Verfügung. Abgesehen von dem Taschengeld, das wir regelmäßig bekamen, erhielten wir vom Vater für gute Klassenarbeiten jeweils einen besonderen Bonus. Außerdem hatte ich bei Bedarf eine zusätzliche Einnahmequelle: Wenn ich irgendwo frisch angelieferte Kohlen vor einem Hause sah, schellte ich an und fragte, ob ich »einschippen« dürfe. Hierfür gab es dann ein kleines Entgelt, hin und wieder sogar ein Butterbrot. Der zweite landwirtschaftliche Aufenthalt war – nach der Versetzung in die Klasse 5b (Obertertia) – während der großen Ferien bei einem Bauern in Wiemeringhausen/Sauerland. Ich wurde von früh bis spät ganz schön rangenommen, durfte mich dafür aber auch jeden Tag richtig satt essen und am Familienleben auf dem Hofe teilnehmen. Die frische Luft, die Arbeit im Freien und das zünftige Essen taten mir gut, sodass ich bestens erholt nach Hause zurückkam. Im September/Oktober 1942 schließlich war unsere Klasse für einen ganzen Monat zur Erntehilfe »abkommandiert«, und zwar nach Dalldorf bei Uelzen. Wir wurden auf die einzelnen Bauernhöfe des Ortes verteilt und trafen uns jeden Morgen auf dem Dorfplatz zum unvermeidlichen Fahnenappell. Ich war zusammen mit den Klassenkameraden Kurt Sch. und Herbert P. bei dem Bauern Ludolfs, der uns bei der Kartoffelernte einsetzte. Trotz der vielen Arbeit und der lästigen Appelle habe ich – zumal wir bei dem Bauern bestens verpflegt wurden – überwiegend positive Erinnerungen an diesen Ernteeinsatz.

Zu Hause schwang dann wieder »Schmalhans Küchenmeister« sein Zepter; die Zuteilungen wurden immer knapper, sodass die Abschnitte der Lebensmittelkarten allzu schnell verbraucht waren. Bestandteile der Hungerverpflegung waren damals Graupensuppe (mit dicken »Kälberzähnen«), Steckrübengemüse und Schwarzbrotpudding. Auch gab es schon das erste »tetschige« Maisbrot sowie ohne Fett gebackene Haferflockenplätzchen von der »Schletzpfanne«. Die Brotschnitten wurden abgezählt und oft nur mit Margarine oder Rübenkraut bestrichen. Gute Butter, Käse und Wurstaufschnitt standen selten auf dem Speiseplan. Immer wieder kam es vor, dass man hungrig zu Bett ging. Gegen den Hunger wurde empfohlen, lange auf einem Bissen herumzukauen. Unser Vater sorgte dafür, dass wir viel an die frische Luft kamen. Wir machten gemeinsame Spaziergänge ins Nachtigallental, zum Schloss Hugenpoet und auf den Pastoratsberg, sahen uns die Hexentaufe und das Hespertal an und besuchten die Vogelschutzstation, eine parkähnlich angelegte Vogelwarte im Stadtwald. Als Sohn eines Försters war der Vater eine höchst kompetente Stelle, um Fragen aller Art zu Pflanzen und Tieren des Waldes zu beantworten. Unterwegs haben wir oft Himbeeren, Brombeeren, Walderdbeeren und Bucheckern gesammelt, gelegentlich auch Pfifferlinge und Steinpilze. Einmal machten wir einen Tagesausflug zum Forsthaus Ravenhorst und zur Hühnerheide, wo der Großvater mehrere Jahre mit seiner Familie gelebt hatte und als Förster tätig war. Es war rührend, wie Vater an einigen Stellen von Erinnerungen überwältigt wurde. Von Emmerich aus war an diesem Tage auch Onkel Thies mit dem Fahrrad erschienen. So konnten beide in Erinnerungen schwelgen. Onkel Thies, der sich in der Pfarrgemeinde Emmerich jahrelang verdienstvoll betätigt hatte, erhielt übrigens später den päpstlichen Orden »pro ecclesia et pontifice« verliehen, den ich heute noch verwahre. Die Verleihungsurkunde ist von Kardinal Montini, dem späteren Papst Paul VI. unterzeichnet.

Meine beiden Schwestern Maria und Hildegard, damals zwölf und neun Jahre alt, waren Mitglied im »Heliand«, einer katholischen Mädchenorganisation, die ebenso wie alle anderen bündischen Jugendgruppen offiziell längst aufgelöst war, insgeheim aber weiterexistierte. Die Mädchen trafen sich in unserer Wohnung und hielten im Wohnzimmer ihre Heimabende ab. Damit das Treffen nicht auffiel, war alles so organisiert, dass die Mädchen immer nur einzeln kamen und gingen und nirgendwo als Gruppe auftraten. Meine Schwestern gehörten dem Heliand noch bis mehrere Jahre nach Kriegsende an, Maria zuletzt als »Singemeisterin« für den Bezirk Essen.

Die Luftangriffe auf zivile Ziele nahmen ab Frühjahr 1942 ständig zu. Besonders schwere Angriffe wurden auf Lübeck, das durch den anschließenden Feuersturm zerstört wurde, und auf Rostock geflogen sowie Ende Mai auf die Domstadt Köln (erster sogenannter »1.000-Bomber-Angriff« auf eine deutsche Großstadt). Essen erlebte im Jahre 1942 einen schweren Angriff (Anfang Juni) und mehrere mittelschwere Angriffe bei insgesamt 158 Alarmen. Das Luftschutzgepäck stand immer griffbereit. Manchmal ertönte die Alarmsirene auch mehrmals in der Nacht. Oft legten wir uns angezogen ins Bett, um schnell zum Aufbruch bereit zu sein. Da wir uns in unserem nur behelfsmäßig als Luftschutzraum hergerichteten Keller nicht sicher fühlten, suchten wir meistens den ausgebauten Luftschutzkeller im Landgericht auf. Dort hatte der Luftschutzwart das Sagen. Während des Angriffs kam man sich wie eine Schicksalsgemeinschaft vor und lernte in puncto Menschenkenntnis viel dazu. Nach der Entwarnung ging ein erster Blick die Straße entlang, ob es irgendwo brannte und ob das eigene Haus getroffen war. Manches Dankgebet wurde gesprochen, leider aber im Zuge der sich ausweitenden Bombardierungen das »Gott sei Dank!« immer häufiger durch Entsetzen und Schreckensrufe abgelöst. Als bei einem Angriff das Dach der Ludgeruskirche abgedeckt worden war, saßen wir zu mehreren Jugendlichen tagelang oben im Gebälk und halfen beim Pfannenlegen. Ich bemerkte bei dieser Gelegenheit erfreut, dass ich schwindelfrei war.

Die Einberufung der Männer zur Wehrmacht führte allmählich zu einem bedenklichen Mangel an männlichen Arbeitskräften. Viele Tätigkeiten wurden jetzt von Frauen erledigt, so zum Beispiel als Schaffnerinnen bei der Straßenbahn oder als Arbeiterinnen in den Munitionsfabriken. Die dennoch verbleibenden großen Lücken in der kriegswichtigen Industrie, besonders im Rüstungsbereich, wurden durch rücksichtslosen Einsatz von KZ-Häftlingen sowie polnischen und russischen Zwangsarbeitern ausgefüllt. Auch in anderen besetzten Ländern hatte man Arbeitskräfte zwangsweise rekrutiert und setzte sie in Industrie und Landwirtschaft ein. Als ich 1944 im Arbeitsdienst war, habe ich des Öfteren gesehen, wie ganze Gruppen solcher Zwangsarbeiter – in Lagerkleidung und teilweise in jämmerlichem Zustand – unter Bewachung zur Arbeit geführt wurden. Jede Kontaktaufnahme war streng untersagt. Hier hat es am Rande des großen Kriegsgeschehens manchen Fall von mutiger Zivilcourage gegeben.

Der tägliche Wehrmachtsbericht hatte im Jahre 1942 Ereignisse von vielen Fronten zum Inhalt.

Im Afrikafeldzug startete Rommel im Januar eine Großoffensive, in deren Verlauf die britischen Truppen in zwei Teile zersprengt wurden. Der eine Teil zog sich auf die lange Zeit belagerte Wüstenfestung Tobruk zurück, die am 21. Juni kapitulierte. Den anderen Teil verfolgte Rommel bis vor El Alamein in Ägypten. Dort erlahmte die Verfolgung, da die deutschen Kräfte erschöpft waren und ausreichender Nachschub ausblieb. Nach vergeblichen Versuchen im Juli und August, die britische Verteidigungsstellung El Alamein doch noch zu erobern, begann im Oktober die Gegenoffensive unter Leitung von General Montgomery. Dies war die Wende im Afrikakrieg. Schon im November eroberten die Engländer die Cyrenaika zurück, und zwar diesmal einschließlich der Hafenstadt Tobruk. Zur gleichen Zeit landeten in Marokko und Algerien amerikanische und britische Truppen unter Leitung von General Eisenhower, sodass die deutschen

Truppen sich einem Zweifrontenkrieg gegenübersahen, der sie zwang, nach Westen hin eine neue Verteidigungslinie in Tunesien aufzubauen. Es fehlte an allem, besonders an Panzern und Treibstoff. Hitler verbot jegliche Absetzbewegung und sprach von »Sieg oder Tod«, gab dann aber doch Rommel für einen Rückzug freie Hand. Auch wenn sich das Afrikakorps noch einige Zeit (bis zum Einmarsch der Alliierten in Tunis) halten konnte: Nach dem Rückschlag von El Alamein war der Kriegsverlust in Nordafrika besiegelt.

Im Russlandfeldzug war es Anfang 1942 zunächst vordringlich, die mit starken neuen Verbänden durchgeführte Winteroffensive der Russen aufzuhalten. In harten Kämpfen, zu denen auch die Kesselschlacht bei Charkow und die erfolgreiche Bekämpfung der sowjetischen Stellungen auf der Krim gehörten, gelang dies bis März 1942, wenn auch unter hohen Verlusten. Danach begann die deutsche Sommeroffensive, die nach Hitlers Plänen das erreichen sollte, was im Winter misslungen war, nämlich die Vernichtung der Roten Armee. Schwerpunktziele der Offensive waren Stalingrad an der Wolga und der Kaukasus mit seinen Erdölquellen. Unterstützt wurden die deutschen Truppen von Verbänden der Verbündeten (Italien, Rumänien und Ungarn), außerdem von verschiedenen Freiwilligenformationen aus den nichtrussischen Völkern der UdSSR, die insbesondere bei der Partisanenbekämpfung zum Einsatz kamen. Erste Erfolge wurden mit großen Kraftanstrengungen auch erreicht, Sewastopol und Rostow erobert, die Ukraine und der nördliche Kaukasus eingenommen. Die deutschen Truppen überschritten den Don und stießen im Süden der mehr als 4.000 km langen Front bis zum Terek vor. Die Russen zogen sich an manchen Stellen scheinbar widerstandslos zurück und die 6. Armee unter Leitung von Generaloberst Paulus erreichte am 16. September den Stadtrand von Stalingrad. Zwei Monate lang wurden die deutschen Truppen nunmehr in verlustreiche Häuserkämpfe verwickelt und eroberten weite Teile der Stadt. Dann begann am 19. November 1942 die russische Gegenoffensive, die in einer Zangenbewegung nördlich und südlich von Stalingrad vorstieß und die Stadt rundherum einschloss. Die 6. Armee – zusammen mit Teilen von anderen Verbänden rund 330.000 Mann – saß in der Kesselfalle und war nach allen Seiten hin abgeschnitten. Hitler verbot einen Ausbruch und befahl die Verteidigung der »Festung Stalingrad«. Paulus gehorchte. Lebensmittel und Treibstoff wurden schon bald knapp, die Tagesrationen für die Soldaten immer weiter herabgesetzt. Die Versorgung aus der Luft war – entgegen einem großspurigen Versprechen Görings – völlig unzureichend. Es kam zu ersten Todesfällen durch Verhungern. Ein Entsatzangriff unter Führung des Generalfeldmarschalls von Manstein scheiterte. Das Schicksal der 6. Armee war nicht mehr aufzuhalten.

Große Siege meldete 1942 der Wehrmachtsbericht von der »Atlantikfront«, das heißt vom Seekrieg. Hier war es insbesondere die deutsche U-Boot-Flotte, die (teilweise durch sogenannte Rudeltaktik) den Nachschub-Geleitzügen der Alliierten im Atlantik großen Schaden zufügte und allein in diesem Jahr mehr als sechs Millionen BRT Schiffsraum versenkte. Die Jugend schaute in den Wochenschauen beinahe ehrfürchtig zu, wenn ein siegreiches U-Boot von großer Feindfahrt zurückkehrte und bei der Einfahrt in den Hafen die Mannschaft mit ihrem Kommandanten (»Kaleu« für Kapitänleutnant) grüßend Aufstellung genommen hatte. Verantwortlich für die U-Boot-Flotte war Admiral Dönitz, den Hitler Anfang 1943 als Nachfolger von Großadmiral Raeder zum Oberbefehlshaber der Kriegsmarine ernannte.

Über die Luftangriffe auf deutsche Städte wurde einleitend bereits berichtet. Nachdem die Luftschlacht über England in den Jahren 1940 und 1941 für die deutsche Luftwaffe verloren war, intensivierten die Engländer ihre Bombenangriffe auf das Reichsgebiet in zunehmendem Maße, ohne dass die Heimatflak und der Einsatz von Nachtjägern dies verhindern konnten. Besonders schwer traf es auch das Ruhrgebiet. Die Flugabwehr musste deshalb ausgebaut werden; ausreichendes Personal hierfür stand aber nicht zur Verfügung. Nach einem ersten Entwurf Görings für eine »Verordnung über den Kriegshilfseinsatz der deutschen Jugend bei der Luftwaffe« vom 9. November 1942 wurde kurze Zeit später die endgültige Fassung für den Hilfseinsatz von Schülern bei der Flak festgelegt und als Heranziehungstermin für den Jahrgang 1926 (dazu gehörte auch mein Bruder Klaus) der 15. Februar 1943 bestimmt. Meine eigene Luftwaffenhelferzeit begann einige Monate später. Ab Mitte 1942 waren neben englischen Maschinen auch amerikanische Bomber im Einsatz. Meist flogen die Engländer die Nachtangriffe und die Amerikaner die Tagangriffe. Die Luftoffensive der Alliierten wurde – nicht zuletzt durch die enorm hohe Rüstungsproduktion der USA, besonders an schweren Bombern – zunehmend stärker und war nicht mehr zu stoppen. Mit einer gewissen Lethargie musste die Bevölkerung zur Kenntnis nehmen, dass sie sich nunmehr im wahrsten Sinne des Wortes an der Heimatfront befand. Mancher Soldat war bei Urlaubsaufenthalten über das Ausmaß der Zerstörungen entsetzt und hat erklärt, zu Hause sei es ja schlimmer als an der Front.

Auch im Pazifik ging der Krieg weiter. Die Japaner eroberten in der ersten Hälfte des Jahres 1942 Schlag auf Schlag große Teile Südostasiens, unter anderem Indonesien und die Philippinen.

Nach verschiedenen See- und Luftschlachten zwischen den Japanern und den Amerikanern, zuletzt durch die für Japan verlustreiche Schlacht bei den Midwayinseln (Anfang Juni), wurde der japanische Vormarsch gestoppt und durch die anschließende Landung der Amerikaner auf der Salomoneninsel Guadalcanal (Anfang August) die Rückeroberung der besetzten Gebiete eingeleitet. Das sogenannte Inselspringen der Amerikaner beseitigte die Gefahr einer Anlandung der Japaner auf australischem Boden endgültig. Damit war auch im Pazifikkrieg ein Wendepunkt erreicht.

Ein vor der Öffentlichkeit geheim gehaltenes Ereignis war die Wannseekonferenz vom 20. Januar 1942, eine Besprechung von hohen Beamten des Nazireiches über Details der »Endlösung der Judenfrage« (Holocaust). An der Besprechung, die unter dem Vorsitz Heydrichs (Leiter des Reichssicherheitshauptamtes) stattfand und die Weisungen von Hitler und Himmler umsetzen sollte, nahm auch der SS-Obersturmbannführer Eichmann teil. Die in dieser Sitzung getroffenen organisatorischen Absprachen zur Judendeportation und Judenausrottung hatten zur Folge, dass in den überfüllten Lagern die Massentötung durch Giftgas vorangetrieben wurde und neue KZ-Lager eingerichtet wurden, und zwar aus Geheimhaltungsgründen vorwiegend im besetzten Polen, so in Treblinka, in Maydanek und in Auschwitz. Insgesamt sind in den Vernichtungslagern unter Verwendung von Gaskammern etwa sechs Millionen Juden ermordet worden.

10. Kapitel

1943

Für das Jahr 1943 und auch für die beiden folgenden Jahre liegt das Schwergewicht meiner Rückblicke auf persönlichen Kriegserinnerungen. Zwei Großangriffe auf Essen und zahlreiche weitere Bombardierungen lehrten hautnah die Schrecken des Krieges. Einer der wenigen Lichtblicke in dieser Zeit war der Beginn des (nicht mehr nur theoretischen) Segelfliegens. Die Einberufung als Luftwaffenhelfer, der Dienst bei der Flak unter Fortführung des Schulunterrichts und die Meldung als Kriegsfreiwilliger für die Fliegertruppe waren im 16. Lebensjahr weitere wichtige Stationen. An den Fronten kam es zu Kapitulationen in Stalingrad und Nordfrankreich, im Übrigen nach der Landung der Alliierten auf der italienischen Halbinsel zur Kapitulation Italiens. Weitere Ereignisse waren die ominöse Sportpalastrede von Goebbels (»Wollt ihr den totalen Krieg?«), die Hinrichtung der Geschwister Scholl und der Aufstand im Warschauer Ghetto. Beginnen wir mit den persönlichen Erlebnissen.

In der Nacht vom 5. zum 6. März 1943 flogen die Engländer den ersten Großangriff auf Essen. Mit diesem Angriff sollte, wie es nachher hieß, das wichtigste Industriezentrum des Ruhrgebietes und die Moral der Bevölkerung erschüttert werden. Wir hatten nach dem Fliegeralarm wieder einmal den Luftschutzkeller des Landgerichts aufgesucht und erlebten dort eine Stunde – besser gesagt eine für uns endlos erscheinende Zeit – des Bangens und

Schreckens. Noch bevor wir den Luftschutzkeller ganz erreicht hatten, sahen wir am Himmel riesige »Christbäume«, das heißt Abwurfzeichen in Pyramidenform, die den vorgesehenen Bombardierungsteppich kennzeichneten und das Zielgebiet absteckten. Als ich draußen kurz stehen blieb, um mir das Lichtspektakel (Christbäume und Widerschein der ersten Flakreaktionen) anzusehen, jagte mich der Luftschutzwart zu Recht verärgert in den Keller mit dem Hinweis, ich hätte draußen nichts mehr zu suchen. Ob es bei dieser Gelegenheit – oder erst bei späteren Angriffen – war, dass ich das tiefe Brummen der anfliegenden Bomber hörte, weiß ich nicht mehr. Jedenfalls ging, nachdem die schwere Eisentür am Eingang des Luftschutzkellers verriegelt war, die Bombardierung ganz kurze Zeit später schon los. Schlag auf Schlag erfolgten starke oder schwächere Explosionserschütterungen durch Sprengbomben und Luftminen. Mütter hielten ihre Kinder umschlungen und versuchten, sie zu beruhigen. Meine kleine Schwester drückte eine ihrer heiß geliebten Puppen, die sie außer dem Luftschutzgepäck immer als einzigen Gegenstand mitnehmen durfte, fest an sich. Es wurde gebetet und geweint, aber auch spekuliert, in welcher Entfernung diese oder jene Bombe niedergegangen sei. Die Flugzeuge kamen in Angriffswellen und man hoffte zwischen Abwurfgeheul, Einschlagkrachen und Kellerbeben ständig, dass der Angriff nun zu Ende sei. Irgendwann – endlich – kam die Entwarnung. Wir verließen den Luftschutzkeller und sahen sofort den roten Feuerschein über der ganzen Stadt. Tatsächlich hatte es insbesondere die Innenstadt getroffen, die außer von Luftminen und Sprengbomben von einer Unzahl Stabbrandbomben und Phosphorkanistern heimgesucht worden war. In den Aufzeichnungen meines Vaters steht insoweit nur ein einziger Satz: »Die Stadt war ein Feuermeer«. Das Münster, die Marktkirche und das Rathaus brannten aus, das gesamte Werksgelände der kruppschen Gussstahlfabrik war schwer getroffen; auch unser Burggymnasium wurde beschädigt, so dass der Unterricht vorerst ausfallen musste. Das Elternhaus blieb diesmal noch verschont bis auf die zerstörten Fenster, die mit Pappe notdürftig zugenagelt wurden. Wenige Straßen weiter waren eingestürzte Häuser und riesige Krater zu sehen. An vielen Stellen halfen sich die Nachbarn bei kleineren Bränden, die im Dachstuhl oder sonst wo ausgebrochen waren. Die Menschen rückten in der Not erkennbar zusammen, waren gleichsam eine Schicksalsgemeinschaft. Die grausige Statistik dieses Angriffs: 482 Tote oder Vermisste; circa 1.500 Verletzte; mehr als 3.000 Häuser völlig zerstört, rund 20.000 teilzerstört oder leichter beschädigt; 80 Luftminen, mehr als 1.000 Sprengbomben, weit über 100.000 Brandbomben. Das Inferno hatte die Stadt und ihre Menschen im Kern getroffen, blieb aber nicht einmalig.

Weitere Luftangriffe auf Essen fanden – bis zu meiner Einberufung als Flakhelfer – insbesondere am 12. März, 3. April sowie am 1. und 28. Mai 1943 statt. Hinzu kamen rund 50 kleinere und mittelschwere Angriffe sowie eine Unzahl von Fliegeralarmen bei Tag und Nacht. Gleich ob es sich um Flächenbombardierungen oder Einzelabwürfe handelte – für die davon Betroffenen waren Leid und Not, für die gesamte Bevölkerung Angst und Sorge unermesslich. Kaum hatte man nach einem Angriff, wenn es noch einmal »gut gegangen« war, die notwendigsten Arbeiten verrichtet (Fenster zunageln, Dach reparieren, Schutt beseitigen), kam schon der nächste Angriff. Immer mehr Menschen mussten sich früher oder später einreihen in die Schar der »Ausgebombten«, die all ihr Hab und Gut verloren und oft auch den Verlust naher Angehöriger zu beklagen hatten. Ihr Ziel, die Bevölkerung mürbe zu machen und den anfänglichen Durchhaltewillen zu schwächen, hatten die Alliierten schon jetzt fast erreicht.

Ein Angriff besonderer Art machte der Stadt Essen – wenn auch nur mittelbar – erheblich zu schaffen: die Zerstörung der für das gesamte Ruhrgebiet wichtigen Möhnetalsperre. In der Nacht vom 16. zum 17. Mai 1943 griff ein hierfür besonders abgerichteter englischer Verband das größte Staubecken im Ruhrverlauf an und zerstörte mit einer Spezialrollbombe die Staumauer der Möhnetalsperre. Hierdurch kam es nicht nur zu einer erheblichen Beeinträchtigung der Wasserversorgung im Ruhrgebiet, sondern durch die ungebändigten Flutwellen auch zu unsagbaren Verwüstungen in den betroffenen Überschwemmungsgebieten. Ruhrbrücken wurden weggerissen, niedrig gelegene Stadtteile von Essen überflutet und mehr als 1.000 Menschen durch die flussabwärts stürzenden Wassermassen getötet. Die verbreitet zunehmende Todesangst führte dazu, dass viele Einwohner aus der Stadt aufs Land flüchteten. Meine Eltern entschieden sich, die damals 13 und 10 Jahre alten Schwestern sofort in Sicherheit zu bringen. So kamen die beiden zu den Großeltern nach Emmerich und besuchten dort ab Sommer 1943 die städtische Oberschule. Noch war es in Emmerich einigermaßen ruhig.

Für mich begann im Mai 1943 endlich die Segelfliegerzeit. Das Fliegerlager befand sich in Schwerfen bei Euskirchen und war hauptsächlich für Anfängerlehrgänge eingerichtet, das heißt für die Vorbereitung und Ablegung der A-Prüfung. Gut zwei Wochen (in der Zeit vom 13. bis zum 30. Mai) hieß es nun, die im Unterricht erworbenen theoretischen Kenntnisse in die Tat umzusetzen. Wir schulten mit dem nach allen Seiten offenen »SG 38«, einem Schulgleiter, für den ausschließlich der Gummiseilstart in

Betracht kam. Unsere Gruppe bestand aus 25 Mann und wurde einem Fluglehrer zugeteilt. Zunächst galt es, das Starten zu lernen und überhaupt das richtige Gefühl für das Abheben zu bekommen. Wir transportierten den Gleiter morgens zur »Idiotenwiese«, machten ihn startklar und hörten uns die letzten Belehrungen des Fluglehrers an. Die Aufgaben wurden verteilt und die Reihenfolge der Startenden festgelegt. Wenn der Flugschüler in der »Kiste« saß und angeschnallt war, ging die Startmannschaft an ihre Plätze, zehn Mann zum Halten an den Schwanzsporn und je sechs Mann an die beiden V-förmig auseinandergehenden Startseilenden. Das Startkommando lautete »Ausziehen!«, »Laufen!«, »Los!« und musste je nach Spannung der Seile in den richtigen Abständen gegeben werden. Das »Fliegen« begann mit Anfängerrutschern und kleinen Luftsprüngen (sogenannten »Stoppelhopsern«). Ungewollte Links- oder Rechtskurven (durch versehentliches Treten des Seitenruders) mussten ebenso vermieden werden wie eine falsche Betätigung des Steuerknüppels, der für das Querruder und das Höhenruder zuständig war. Jeder Fehler wurde vom Fluglehrer anschließend erörtert, meistens in einer zwar herzlichen, aber recht rauen Sprache. Für mich lag eine gewisse Anfangsschwierigkeit darin, dass man als alter Radfahrer das Seitensteuer entgegen dem eigenen Gefühl betätigen musste: Will man mit dem Fahrrad links einbiegen, geht der *rechte* Arm nach vorn; will man mit dem Segelflugzeug links einbiegen, geht (zur Bedienung des Seitenruders) der *linke* Fuß nach vorn. Schon bald waren aber die Anfangsschwierigkeiten überwunden und die ersten schönen Starts geschafft. Wir konnten vom »Babyhang« umsatteln auf einen größeren Hang und richtige Flüge hinlegen, bei denen man den Fahrtwind in den Spanndrähten pfeifen hörte. Insgesamt hatte ich 32 Starts absolviert, als die A-Prüfung auf Anhieb klappte. Dabei stellte sich zuletzt sogar schon so etwas wie das königliche Gefühl des Fliegens ein, nämlich sich wie ein Vogel von der Erde loslösen zu können und die Maschine mit dem Steuerknüppel allein zu beherrschen.

Vom Lagerleben, durch das ich übrigens von einem sonst drohenden Wehrertüchtigungslager der HJ verschont geblieben bin, habe ich in Erinnerung, dass es recht locker und sportlich zuging. Zwar legte man auf Kameradschaftlichkeit, Pünktlichkeit und persönlichen Einsatz in allen den Flugdienst betreffenden Angelegenheiten Wert, nicht aber auf Drill, Appelle oder Nazi-Unterricht. Wir fühlten uns irgendwie schon zur Fliegertruppe gehörig und sangen begeistert:

»Wir tragen die silbernen Schwingen am Rock,
im Herzen die Freiheit und Ehre,
die Liebe zum Volk und den Glauben an Gott,
den Willen zur Waffe und Wehre.
Wir sind Soldaten, wollen Soldaten sein und bleiben,
treue Kameraden, Kämpfer für das Vaterland.«

Wenn wir abends zusammensaßen, klönten wir von unserer möglichen späteren Verwendung als Flugzeugführer. Es war von großen Kampfflugzeugen, aber auch von Lastenseglern die Rede. Für mich stand fest, dass ich einmal Jagdflieger werden wollte.

Bald nach Rückkehr aus dem Segelfliegerlehrgang – dem noch zwei weitere Lehrgänge folgen sollten – war es dann so weit: Die Luftwaffenhelferzeit begann. Kaum hatten wir die Versetzung in die Klasse 6, wurden die Angehörigen des Jahrgangs 1927 zum 15. Juli 1943 als Luftwaffenhelfer (LWH) eingezogen. Noch nicht einmal (einige gerade erst) 16 Jahre alt, sollten wir in Flakeinheiten am Rande der Stadt mithelfen, die Heimat gegen Fliegerangriffe zu verteidigen. Für die richtige Einstellung der Jugendlichen zu einem solchen Dienst am Vaterland war rechtzeitig gesorgt worden. Hatten wir doch noch kurz vorher gesungen:

»Heilig Vaterland, in Gefahren
deine Söhne sich um dich scharen.
Eh' der Fremde dir deine Krone raubt,
Deutschland, fallen wir, Haupt bei Haupt«.

Zunächst kamen wir für zehn Tage nach Essen-Kray zu einer 8,8-cm-Flakbatterie, wo wir auch »verpflichtet« wurden, dann zu einer ebenfalls schweren Flak nach Essen-Huttrop – gelegen zwischen Hubertusburg und Parkfriedhof – mit vier Geschützen vom Kaliber 10,5 cm, die man am dumpferen Abschussgeräusch erkennen konnte. Die Verlegung nach Huttrop am 25. Juli kam mir sehr gelegen, da ich nunmehr mit meinem Bruder Klaus zusammen in einer Batterie war, zeitweise sogar in derselber Baracke und demselben doppelstöckigen Bett. Wir wurden eingekleidet mit einer luftwaffenblauen Uniform (zu der Oberhemd und Krawatte sowie die HJ-Armbinde mit Hakenkreuz gehörten) einschließlich Koppel, Stiefeln, Mütze und Käppi; außerdem erhielten wir einen Drillichanzug, einen Stahlhelm sowie Unterwäsche, Turnhose und Socken.

Die vier Geschütze der Batterie hießen Anton, Berta, Caesar und Dora. Sie waren an den Seiten eines mitten in der Batteriestellung angelegten Rechtecks postiert und von einem Weg umgeben, an dem die Munitionsbunker und die Baracken lagen. Ich wurde dem Geschütz B zugeteilt und erhielt eine Einweisung in die Tätigkeit als Richtkanonier. Kurz gesagt bestand die Aufgabe der drei Richtkanoniere eines Geschützes darin, die vom Kommandogerät an das Geschütz elektrisch weitergegebenen Schusswerte (betreffend Höhe, Seite und Zünderlaufzeit) durch Drehen eines Handrades möglichst schnell und präzise mit einem Folgezeiger abzudecken und die gelungene Abdeckung dem Geschützführer zu melden. Mein Bruder gehörte zur Messstaffel und war am Kommandogerät tätig, das mit den einzelnen Geschützführern durch Kopfhörer und Kehlkopfmikrofon verbunden war und beim Einsatz – nach Ermittlung und Weitergabe der erforderlichen Richtwerte – für alle Geschütze gleichzeitig den Feuerbefehl weiterleitete. Andere Mitschüler waren am FuMG (Funkmessgerät) eingesetzt, das ein feindliches Flugzeug schon in großer Entfernung mit Elektronenstrahlen erfassen konnte, wenn es nicht gerade durch den Abwurf von Folien (lamettaartigen Silberstreifen) gestört wurde. Hatten FuMG, Kommandogerät und Geschützmannschaften ihre vorbereitenden Aufgaben erledigt und befand sich die feindliche Maschine im Feuerbereich der Batterie, erteilte der Batteriechef den Befehl »Feuer frei!«, der sofort vom Messoffizier über die Standleitung an die Geschützführer weitergegeben wurde mit den Worten: »Gruppenfeuer – Gruppe – Feuer!«.

Schon am 26. Juli 1943 (also einen Tag nach der Verlegung) kam es kurz nach Mitternacht zu meinem ersten Gefechtseinsatz am Geschütz »Berta«. Es handelte sich um den zweiten Großangriff auf Essen und war ein unheimliches und aufregendes Erlebnis zugleich. Wir liefen nach dem Alarmklingeln im Drillichzeug und mit Stahlhelm zum jeweiligen Einsatzort. Zahlreiche Scheinwerfer waren schon in Tätigkeit. Auch sahen wir in einiger

Entfernung die ersten Leuchtbomben herunterkommen und »Christbäume« als Zielmarkierung. Die Strahlen der Scheinwerfer sahen wie lange Finger aus und suchten den Himmel ab. Sobald ein Flugzeug erfasst war (»Ziel aufgefasst«), richteten sich auch die anderen Scheinwerfer hierauf und hielten die Maschine in der Schnittstelle fest. Dann erfolgte der Beschuss, häufig von mehreren Batterien gleichzeitig. Der ohrenbetäubende Krach bei jedem Schuss war zunächst erschreckend. Gegen taube Ohren half es, den Mund aufzureißen. Für diese Nacht erhielt unsere Batterie – die außer einigen Brandbomben und einem Blindgänger nichts abbekommen hatte – später zwei Abschüsse zuerkannt, die in zwei um die Geschützrohre aufgemalten Ringen ihren Ausdruck fanden. Dass es hierfür auch Punkte für das Flakkampfabzeichen gab, wusste ich damals noch nicht.

Unser Batteriechef war Hauptmann K.; er hatte eine Baracke für sich allein und ging oft mit seinem Schäferhund durch die Stellung. Ab und zu richtete er, wenn ihm die Batterie beim Morgenappell als angetreten gemeldet worden war, einige grundsätzliche Worte an uns. Sonst hatten wir es mehr mit dem Batteriespieß, den Wachtmeistern und der sonstigen Mannschaft zu tun. Der »Spieß« – ein Hauptwachtmeister, der die deutsche Sprache mehr lautstark als korrekt beherrschte – war höchst unbeliebt und hatte es besonders auf die Luftwaffenhelfer abgesehen, die er »Aburenten« nannte, denen man den Arsch aufreißen müsse. Eine Fotografie, die ihn zusammen mit einem gerade aufgestellten Warnschild (»Vorsicht Blindgänger«) zeigte, wird mir immer in Erinnerung bleiben. Auch einer der Unteroffiziere machte sich einen Namen als »Schleifer vom Dienst«. Sonst war die ganze Belegschaft der Batterie zu uns Luftwaffenhelfern durchweg freundlich und kameradschaftlich, insbesondere auch der für die Truppenverpflegung zuständige »Küchenbulle«. An die Kostumstellung (unter anderem aus Trockensubstanz hergestellte Wehrmachtsuppe) musste ich mich erst gewöhnen; immerhin lag ich in den ersten Monaten dreimal wegen Magen-Darm-Geschichten im Krankenrevier. HJ-Dienst fand während der Zeit bei der Flak nicht statt. Es gab weder spezielle Morgenfeiern noch Heimabende oder gar Nazi-Schulung.

Ab August 1943 gab es in der Stellung vormittags Schulunterricht, entweder in einer LWH-Belegschaftsbaracke oder in der Kantinenbaracke. Zugleich wurde Schulgeldbefreiung für LWH eingeführt. Der Unterricht wurde nur in den Hauptfächern erteilt, und zwar von unseren eigenen Lehrern, zusätzlich auch von einem Lehrer der Goetheschule. Manche Stunde fiel aus, weil Schulunterricht bei Feuerbereitschaft dem Flakdienst untergeordnet war oder wir nach einem ausgedehnten Nachteinsatz morgens länger schlafen durften. Manchmal blieb auch der Lehrer aus – wegen Fliegeralarms oder verkehrstechnischer Beschränkungen nach einem Angriff. Die an sich vorgesehene Zahl von 18 Wochenstunden wurde kaum erreicht. Dass wir selbst in dieser Situation zu Streichen gegenüber den Lehrern neigten und uns zudem über den Ausfall von Stunden freuten, zeigt deutlich, dass wir noch keineswegs erwachsen waren. Rückschauend möchte ich sagen, dass der Unterricht in der Stellung uns trotz aller Erschwernisse doch in den Hauptfächern ordentlich weitergebracht hat. Nach einigen Monaten wurde uns ein »Luftwaffenhelferzeugnis« erteilt, das Zensuren für die einzelnen Fächer enthielt und vom Betreuungslehrer, vom Schulleiter und vom Batteriechef unterzeichnet war.

Nachmittags hatten wir – je nach Einteilung – Training am Geschütz, am Funkmessgerät oder am Kommandogerät. Hin und wieder mussten wir auch beim Putzen der Granaten zupacken. Dass jeder sein Bett und seinen Spind in Ordnung hielt und dies auch durch den U.v.D. (Unteroffizier vom Dienst) kontrolliert wurde, war selbstverständlich. Für notwendige Verrichtungen (Schuhe putzen, Knöpfe annähen) gab es die Putz- und Flickstunde, für die Körperpflege eine besondere Waschbaracke, allerdings nur mit kaltem Wasser. Deswegen wurden wir in regelmäßigen Abständen zu einem nur wenige hundert Meter von der Stellung entfernten Gebäude geführt, wo ausreichend viele Duschen mit heißem Wasser zur Verfügung standen. Wenn es der Dienst erlaubte, gab es am Wochenende für den Besuch des Elternhauses ein oder zwei Tage Ausgang, der aber aus disziplinarischen Gründen auch gestrichen werden konnte. Man durfte die Stellung nur verlassen, wenn man eine vom Einheitsführer unterschriebene Urlaubskarte vorweisen konnte. Hatten wir beim Ausgang den Bereich der Stellung hinter uns, nahmen wir regelmäßig die HJ-Armbinde ab, um in der Öffentlichkeit – besonders auch bei den Mädchen – als »richtiger Soldat« zu erscheinen und nicht als Hitlerjunge. Hierzu fühlten wir uns (im Gegensatz zu gelegentlichen HJ-Streifen, die den Ausweis und die Urlaubskarte kontrollierten) schon deshalb berechtigt, weil wir auf der Uniform das Dreieck mit dem Hoheitsadler der Luftwaffe trugen. Ich selbst bin nie kontrolliert worden. Entgegenkommende Offiziere wurden soldatisch gegrüßt und grüßten auch zurück. Bei einem der Besuche zu Hause erhielt ich von meinen Eltern den ersten Zivilanzug mit langer Hose sowie Rasierzeug, das ich aber zunächst nur sehr selten benutzen musste. Sonderausgang gab es bei Fliegerschäden im Elternhaus. Mehrere Male war ich aus diesem Grunde zu Hause und habe beim Säubern und Aufräumen mitgeholfen, wenn Putz von der Decke gefallen, der Boden mit Glasscherben übersät und die Betten total verschmutzt waren.

Im September 1943 meldete ich mich als Kriegsfreiwilliger zur Fliegertruppe. Gedrängt hat mich hierzu niemand. Vielmehr war es – dies hielt ich für wichtig – meine eigene freie Entscheidung. Ich wurde als Flugzeugführer-Anwärter gemustert und für tauglich befunden. Die eigentlichen Prüfungen (Wehrfliegertauglichkeitsprüfung und Offiziersanwärterprüfung) folgten einige Monate später. Diese Freiwilligenmeldung zur Luftwaffe war für mich auch noch aus einem anderen Grunde wichtig. Als eine SS-Abordnung in unsere Stellung kam, um die Luftwaffenhelfer mit einem gewissen Druck für die Waffen-SS anzuwerben, wurde ich im Hinblick auf meinen Musterungsbescheid völlig in Ruhe gelassen. Wie viele LWH aus unserer Stellung sich zu einem Beitritt haben breitschlagen lassen, weiß ich nicht.

Militärisch brachte das Jahr 1943 – wie bereits angedeutet – die endgültige Kriegswende. Die Übermacht der Alliierten wurde an allen Fronten erdrückend.

Nachdem es den Russen am 25. Januar 1943 in einem Großangriff auf den Kessel von Stalingrad gelungen war, die deutschen Truppen in eine Nordgruppe und eine Südgruppe zu spalten, kapitulierte Generalfeldmarschall Paulus – entgegen einem nochmaligen unsinnigen Durchhaltebefehl Hitlers – am 31. Januar mit der Südgruppe der 6.Armee; am 2.Februar folgte die Kapitulation der Nordarmee unter General Strecker. Damit war eine der erbittertsten Schlachten des Zweiten Weltkriegs beendet. Zur traurigen Bilanz der Kesselschlacht von Stalingrad gehörten rund 150.000 gefallene deutsche Soldaten und über 90.000 Soldaten, die in sowjetische Kriegsgefangenschaft kamen und dort zum großen Teil verhungert, erfroren oder an Erschöpfung gestorben sind. Nur etwa 6.000 bis 10.000 Gefangene kehrten später heim. Auch Paulus ging in Gefangenschaft und schloss sich dort dem Nationalkomitee Freies Deutschland an, das heißt dem Widerstand gegen Hitler.

Der übrige Russlandfeldzug bestand – abgesehen von einer im Juli 1943 schon nach wenigen Tagen gescheiterten deutschen Offensive bei Kursk – aus Rückzugsbewegungen. Ein erster Einbruch gelang den Russen bei Leningrad. Rostow, Stalino und Charkow gingen anschließend ebenso verloren wie Smolensk und Kiew. Die russische Sommeroffensive war in vollem Gange und verdrängte die deutschen Truppen aus der Ostukraine. Auch der Kuban-Brückenkopf musste geräumt werden. Auf breiter Front vollzog sich langsam, aber unaufhaltsam der Vormarsch der sowjetischen Armee. Erst als Ende 1943 erneut Schlammwetter einsetzte, kam – teilweise entlang des Dnjepr – vorübergehend etwas Ruhe in den Frontverlauf.

Der Afrikafeldzug ging Anfang 1943 seinem endgültigen Ende entgegen. Nachdem Rommel im März mit seiner letzten Offensive gegen die 8. britische Armee gescheitert und daraufhin von Hitler abberufen worden war, kapitulierten die Reste des Afrikakorps unter Führung von Generaloberst von Arnim am 13. Mai 1943 bei Tunis. Mehr als 250.000 deutsche und italienische Soldaten gingen in alliierte Kriegsgefangenschaft. Die weiteren Ereignisse überschlugen sich geradezu. Am 10. Juli landeten alliierte Truppen auf Sizilien. Am 25. Juli wurde Mussolini entmachtet und auf Anordnung des italienischen Königs verhaftet.

Am 3.September landeten alliierte Truppen auf italienischem Festland und eroberten Neapel. Am 8. September folgte die bedingungslose Kapitulation Italiens durch den neuen Ministerpräsidenten Badoglio. Die deutschen Truppen besetzten teilweise das italienische Land und befreiten auf Anordnung Hitlers durch einen Fallschirmjägereinsatz den gefangenen Mussolini. Am 13. Oktober schließlich erklärte Badoglio für die italienische Regierung dem bisher verbündeten Deutschen Reich den Krieg.

Von Luftangriffen auf das Reichsgebiet war schon wiederholt die Rede. Was Hitler den Engländern drohend angekündigt und teilweise auch schon praktiziert hatte (»Wir werden ihre Städte ausradieren«), das geschah nun im eigenen Lande. Von einem Luft*krieg* konnte man bei den Bombardierungen auf deutsche Städte kaum noch sprechen, da die deutsche Luftverteidigung inzwischen erschreckend schwach geworden war. Die alliierten Luftstreitkräfte waren weit überlegen und fast täglich im Einsatz. Im Jahre 1943 wurden – über die bereits behandelten Angriffe auf Essen hinaus – insbesondere auf folgende Städte mehrfache Großangriffe geflogen: Köln, Duisburg, Dortmund, Bochum, Düsseldorf, Gelsenkirchen, Hamburg, Nürnberg, München, Kassel, Hannover, Leipzig und Berlin. Der erste Tages-Luftangriff der amerikanischen Luftwaffe fand am 27. Januar 1943 statt. Insgesamt wurde in diesem Jahr eine Bombenlast von mehr als 100.000 Tonnen auf deutsche Städte abgeworfen.

Im Seekrieg trat 1943 ebenfalls eine Wende ein. Hatte im Vorjahr die deutsche U-Boot-Flotte geradezu eine Siegesserie hinter sich, so nahm nunmehr die gegnerische Marine eine immer überlegenere Stellung ein, teilweise durch den Ausbau ihres Funkpeilnetzes (Radar), teilweise aber auch durch die Stärke der alliierten

Luftstreitkräfte. Allein im Mai 1943 gingen hierdurch über 30 U-Boote verloren. Großadmiral Dönitz musste sich deshalb am 24. Mai entschließen, den U-Boot-Krieg abzubrechen und damit die Geleitzugschlacht im Nordatlantik so gut wie völlig zu beenden.

Im Pazifik setzte sich das im Vorjahr begonnene »Inselspringen« der Amerikaner fort. Durch überraschende Landungen auf weiteren Salomoneninseln im Juni und November 1943 drängten sie die Japaner noch mehr zurück und bauten ihre Invasionserfolge im Südpazifik aus. Es kam wieder zu mehreren Seegefechten mit beiderseitigen Verlusten; jedoch nahm insgesamt gesehen die Überlegenheit der Amerikaner deutlich zu.

Außerhalb des eigentlichen militärischen Geschehens war das Jahr 1943 randvoll mit wichtigen Ereignissen. In der Zeit vom 14. bis zum 25. Januar tagten die Westmächte in Casablanca, um sich über die weiteren Kriegsmaßnahmen abzustimmen. Der amerikanische Präsident Roosevelt und der britische Premierminister Churchill kamen überein, eine zweite Front zu errichten, um die Sowjetunion an der deutschen Ostfront zu entlasten. Die Landung auf Sizilien wurde für Sommer 1943 und die Invasion in Frankreich für 1944 vorgesehen. Weitere Punkte waren die verstärkte Bekämpfung der deutschen U-Boot-Flotte und der Übergang zum strategischen Bombenkrieg auf deutsche Städte, und zwar durch amerikanische Präzisionsbombardierungen am Tag und durch englische Flächenbombardierungen bei Nacht. Als eigentliches Ziel wurde in der Besprechung die *bedingungslose* Kapitulation Deutschlands, Italiens und Japans festgelegt.

Gleichsam als Antwort auf diese Konferenz hielt Propagandaminister Goebbels am 18. Februar 1943 auf einer der üblichen Massenveranstaltungen im Berliner Sportpalast seine berüchtigte Durchhalterede, in der er zur Mobilisierung der letzten Reserven aufrief und die Erschienenen aufforderte, zehn Fragen zu beantworten. Die vierte Frage lautete: »Wollt ihr den totalen Krieg? Wollt ihr ihn, wenn nötig, totaler und radikaler, als wir ihn uns heute überhaupt noch vorstellen können?« Die fanatische Menge antwortete zu jeder Frage wie aus einem Munde mit einem begeisterten »Ja« und Goebbels selbst bezeichnete die ganze Veranstaltung anschließend in seinem Tagebuch verächtlich als »Stunde der Idiotie«.

Tatsächlich hatte der Glaube an Führer und Endsieg seit der Katastrophe von Stalingrad in der Bevölkerung rapide nachgelassen. Der innere Widerstand gegen Hitler wuchs ständig. Die Widerstandsgruppe »Weiße Rose« an der Münchener Universität ging mit Flugblättern gegen »Hitler und seine Genossen« und gegen die »Verknechtung Europas durch den Nationalsozialismus« vor. Die zur »Weißen Rose« gehörenden Geschwister Hans und Sophie Scholl sowie ihr Freund Christoph Probst wurden nach einer solchen Flugblattaktion verhaftet, am 22. Februar 1943 durch den Volksgerichtshof unter seinem Vorsitzenden Freisler zum Tode verurteilt und noch am selben Tage hingerichtet. Im März versuchten hohe Offiziere der Wehrmacht zweimal vergeblich, Attentate auf Hitler auszuführen: zunächst am 13. März auf dem Flug von Smolensk ins Hauptquartier »Wolfsschanze« (Scheitern durch Versagen des Zünders) und sodann am 21. März bei einer Ausstellung im Berliner Zeughaus, die Hitler aber überraschend vorzeitig verließ. Von Ende März stammte auch eine Denkschrift des früheren Oberbürgermeisters von Leipzig, Carl Friedrich Goerdeler, der hierin in seiner Eigenschaft als zivile Zentrale der Widerstandsbewegung die Notwendigkeit eines Staatsstreichs begründete.

Nach der bereits erwähnten Wannseekonferenz aus dem Vorjahr waren immer wieder Judendeportationen aus dem Warschauer Ghetto in Konzentrationslager erfolgt, der erste Transport mit etwa 5.000 Ghettobewohnern im Juli 1942 nach Treblinka. In der Folgezeit wurden bis April 1943 rund 300.000 Juden aus dem Ghetto fortgebracht. Da man dort von vornherein weitere Transporte befürchtet hatte, waren verschiedene Widerstandskreise aktiv geworden und hatten in aller Stille für eine gewisse Bewaffnung der Bewohner gesorgt. Als am 19. April 1943 eine große Abordnung der Waffen-SS (mit dem Ziel der Deportation von rund 70.000 Menschen) im Ghetto eintraf, begann ein energischer und tapferer Widerstand, der bis zum 16. Mai dauerte. Dann mussten die Ghettobewohner vor der erdrückenden Übermacht der Waffen-SS kapitulieren. Am 11. Juni befahl Reichsführer SS Himmler die Liquidierung aller polnischen Juden-Ghettos.

Die Vorbereitungen der Alliierten über Regelungen nach Kriegsende gingen weiter. Nachdem im Oktober 1943 die alliierten Außenminister in Moskau getagt und mehrere Beschlüsse (zum Beispiel über zu errichtende Besatzungszonen in Deutschland) gefasst hatten, fand vom 28. November bis zum 1. Dezember 1943 die berühmt gewordene Konferenz der »Großen Drei« in Teheran statt: Roosevelt, Stalin und Churchill. Hauptpunkte der Konferenz waren die militärischen Operationen für die restliche Kriegszeit und die territoriale Neuordnung in Europa für die Zeit nach dem Kriege. Zahlreiche Sonderwünsche der einzelnen

Teilnehmer wurden erörtert. Trotz grundsätzlicher Übereinkunft in vielen wichtigen Fragen kam eine endgültige Vereinbarung über die Teilung Deutschlands nicht zustande.

11. Kapitel

1944

Die Kriegslawine rollte erbarmungslos weiter. Stoisches Ertragen machte sich in der Bevölkerung breit. Siegeszuversicht und Hitlergefolgschaft schrumpften zusehends. Das Kriegsgeschehen hielt uns 1944 vom ersten bis zum letzten Tag total gefangen. Hunger, Elend und Bombardierungen nahmen noch zu. Meine »Segelfliegerkarriere« und auch der Schulunterricht fanden ihr Ende, die Luftwaffenhelferzeit wurde vom Reichsarbeitsdienst abgelöst. Traurige Höhepunkte des eigenen familiären Elends waren der Totalschaden im Elternhaus und der Tod des Bruders. Militärisch ging es weiter bergab. Auf die alliierte Invasion in Frankreich folgte die sowjetische Offensive an der Ostfront. Weder der Einsatz deutscher V-Waffen noch die Aufstellung des Volkssturms konnten die Niederlage aufhalten, mochte die durch jahrelange Indoktrination verblendete Jugend auch bis zuletzt an ihrem unerschütterlichen Siegeswillen festhalten. Die letzte Hoffnung vieler Menschen, der Krieg könne doch noch vorzeitig beendet werden, musste mit dem Scheitern von Stauffenbergs Attentatsversuch auf Hitler endgültig begraben werden.

Das Jahr 1944 begann für mich, nachdem ich aus dienstlichen Gründen Weihnachten (das »Fest des Friedens«) und Silvester nicht hatte zu Hause verbringen können, durchaus erfreulich: Vom 7. bis zum 24. Januar stand mein Jahresurlaub an. Ich warf mich daheim in Zivil, ging stolz wie Oskar im Anzug mit langer Hose in die Oper (»Hochzeit des Figaro«) und verlebte einige schöne und relativ ruhige Tage im Kreise der Familie. Trotz Lebensmittelsonderzuteilungen, die es zu den Feiertagen gegeben hatte, war die Verpflegungslage zu Hause äußerst dürftig. Irgendwelche »Beziehungen«, um Zusätzliches ohne Marken zu erhalten, waren nicht vorhanden. Bei Besorgungen, die ich für die Eltern erledigte, lernte ich ihre Alltagssorgen so richtig kennen, wenn man zum Beispiel nach langem Schlangestehen vor einem Geschäft unverrichteter Sache wieder heimkehren musste, weil die Ware – auf die man durch Bezugschein oder Lebensmittelkarte ja einen Anspruch hatte – plötzlich nicht mehr vorrätig war. Unterwegs sah man alle möglichen Warn- und Durchhalteplakate, so an allen Ecken das berüchtigte »Pssst – Feind hört mit!«. Die Menschen wurden im Umgang miteinander immer vorsichtiger, konnte doch jedes falsche Wort – sei es Kritik am Regime oder auch nur das Weitererzählen von politischen Witzen – zur Verfolgung durch die Gestapo führen. Das Abhören von »Feindsendern« war mit der Todesstrafe bedroht. Nur im vertrautesten Kreise wurden die Nachrichten von Auslandssendern (»Hier ist London, hier ist London« … mit den einleitend dumpfen Paukenschlägen), die trotz des großen Risikos immer wieder auf Kurzwelle gehört wurden, weitergegeben. Im Urlaub erreichte mich die Nachricht, dass ich als Transportbegleiter für eine Kinderlandverschickung eingeteilt sei. Ich musste am 17. Januar in Uniform am Bahnhof erscheinen und habe dann zwei Tage lang einen KLV-Zug mit etwa zehn- bis zwölfjährigen Schülern zum Allgäu begleitet.

Im Februar 1944 wurde ich zur Wehrfliegertauglichkeitsprüfung nach Hannover und zur Offiziersanwärterprüfung nach Celle vorgeladen. Mit dem Schulwissen (besonders in Geschichte und deutscher Literatur) sowie mit dem im Segelflugunterricht erlernten theoretischen Wissen war es keine Schwierigkeit, beide Prüfungen glatt zu bestehen. Als recht eigenartig habe ich das ebenfalls zur Prüfung gehörende Boxen in Erinnerung: Nach der ausdrücklichen Erklärung des Prüfers war der Boxkampf nicht wie üblich nach einer bestimmten Zeit, sondern erst dann beendet, wenn einer von beiden blutete. Ob man Mut und Ausdauer testen wollte oder ob es sich um eine auf eigenem Mist gewachsene Schikane des Prüfers handelte, weiß ich nicht; jedenfalls war der Kampf durch ein baldiges Nasenbluten schnell beendet. Am 30. März erhielt ich den Annahmeschein zur Fliegertruppe als KOB (Kriegs- oder Reserveoffiziersbewerber) und war nunmehr – gleich ob eine Abwerbung oder ein Zwangsbeitritt drohte – vor der Waffen-SS endgültig geschützt.

In der Zeit von Februar bis Juni 1944 wurden wir zur leichten Flak nach Essen-Altenessen versetzt und dort am 2-cm-Vierlingsgeschütz ausgebildet. Während dieser Zeit gab es zwei Großangriffe auf Essen (26. März und 27. April), bei denen die elterliche Wohnung schwer beschädigt wurde. Ich erhielt jeweils zehn Tage »Bombenurlaub« und konnte zusammen mit meinem Bruder die schlimmsten Schäden beseitigen, das heißt die völlig desolaten Räume (kein Fenster mehr ganz, der Putz teilweise von der Decke, Teppiche und Böden voller Schutt) wieder bewohnbar machen. Am 15. Mai wurde ich zum LWOH (Luftwaffen-Oberhelfer) befördert und am 15. Juni zur schweren Flak in die alte Stellung nach Huttrop zurückversetzt. Dort ging der schon bekannte Tagesablauf mit Geschützdienst und Schulunterricht weiter. Neu war, dass nunmehr ein weiterer Leutnant in unserer Batterie eingesetzt war, und zwar als NSFO (nationalsozialistischer Führungsoffizier), der ab und zu markige Worte an uns richtete. Neu war auch, dass wir von ersten verwundeten Luftwaffenhelfern in der Nachbarbatterie und sogar von Todesfällen unter den Essenern LWH hörten, andererseits auch von ersten Ordensverleihungen an LWH. Am 13. Juli erhielten wir das Zeugnis über die Versetzung in die Klasse 7.

Um diese Zeit gab es auch in Emmerich, wo sich meine beiden Schwestern noch bei der Großmutter aufhielten, einen schweren Bombenangriff, bei dem das gegenüberliegende Haus einen Volltreffer erhielt. Die elfjährige Hildegard befand sich in diesem Augenblick, während alle anderen bereits im Keller waren und nach ihr riefen, oben auf der Toilette und erlebte es, wie die Tür aus den Angeln gehoben wurde und mit voller Wucht auf sie prallte. Am selben Tag noch haben beide Schwestern – zumal auch ihre Schule zerstört worden war – zusammen mit Tante Lene Emmerich verlassen und sind in einer zweitägigen Irrfahrt (mit Pferdewagen, Straßenbahn und zu Fuß) nach Essen zurückgekehrt, da keine normale Verkehrsverbindung bestand.

In der Zeit von Juli bis September 1944 setzte ich meine Ausbildung als Segelflieger fort. Zunächst war ich auf einem Lehrgang in der Fliegerschule Kruft bei Andernach (am Hummerich), wo ich nach 49 Starts die B-Prüfung ablegte. In Erinnerung ist mir noch der 20. Juli, als uns die Nachricht vom Attentat auf Hitler erreichte und die ganze Gruppe einschließlich der Fluglehrer recht hilflos reagierte. Bis feststand, dass der Attentatsversuch gescheitert war, hielten sich alle mit ihren Stellungnahmen zurück. Erst dann mussten wir zum Fahnenappell antreten und eine Treueansprache anhören. Äußerungen wie die, die mir von einem heimkehrenden Frontsoldaten berichtet wurden (»Das Schwein hat überlebt«), habe ich in der Fliegerschule jedenfalls nicht gehört. Es folgte dann ein weiterer Lehrgang im Fliegerlager Weißewarthe bei Stendal und Tangerhütte. Dort flogen wir mit dem – rundum windgeschützt, aber sichtfrei geschlossenen – »Grunau-Baby«, einem allseits beliebten und leicht zu steuernden Segelflugzeug. Wir starteten mit Windenschlepp, das heißt man wurde von einem PS-starken Windenmotor an einem langen Seil hochgezogen und musste rechtzeitig und richtig ausklinken. Dabei war ein feinfühliges Drücken des Steuerknüppels erforderlich, damit man nicht abschmierte. Alle Starts wurden im Flugbuch eingetragen. Zur C-Prüfung waren verschiedene, genau vorgeschriebene Flugleistungen zu erbringen, so ein Rundflug von einer Viertelstunde Dauer und ein Zielanflug aus 300 Meter Höhe. Ich war in meinem Element und von jedem Flug begeistert. Auch die Kameradschaft machte diesen Lehrgang zu einem erfreulichen Erlebnis. Einer half dem anderen, um das gesteckte Ziel zu erreichen. Oft erinnert man sich an banale Kleinigkeiten. So weiß ich noch, dass jedes gemeinsame Essen damit begann, dass wir uns an den Händen fassten, uns guten Appetit wünschten und im Chor sagten: »Es ess' ein jeder, was er kann; alle Mann – ran!«. Wir frisch gebackenen C-Piloten bekamen den »Luftfahrerschein« für die bestandene C(N)-Prüfung ausgehändigt und sangen zum Abschied am Bahnhof:

»Der Zug fährt ab in Tangerhütte,
die Augen haben frohen Glanz;
wir haben nur die eine Bitte:
vergesst uns nicht ganz.«

Das Abzeichen mit den drei Schwingen, das wir nunmehr an der Uniform tragen durften, verwahre ich noch heute.

Nach einem letzten Kurzurlaub, in dem ich meinen Bruder Klaus auf dem Truppenübungsplatz in Köln-Wahn besuchte und dort zum letzten Mal gesehen habe, wurde ich von der Flak entlassen, und zwar mit einer Urkunde, auf der ein Flakgeschütz abgebildet ist und das die Worte enthält: »… wird ihm hierdurch für den dem Vaterland in jungen Jahren geleisteten Kriegshilfsdienst Dank und Anerkennung ausgesprochen«. Außerdem erhielt ich am 13. September 1944 das »Abgangszeugnis für Luftwaffenhelfer« mit dem Zusatz »um in den Reichsarbeitsdienst einzutreten«. Das Zeugnis schließt mit dem Satz »Bergerfurth will Jura studieren«. Meine vom Elternhaus unterstützte ursprüngliche Vorstellung, einmal Theologe zu werden, hatte ich bereits seit einiger Zeit aufgegeben. Hierzu mögen mehrere Gründe mitgespielt haben. Zum einen störte mich mit 16 Jahren die starre Bindung an die Kirche, die den Umgang mit Glaubenszweifeln und die Suche nach dem Sinn des Seins mehr erschwert als echte Hilfestellung zu geben. Ich wollte nachdenken dürfen, nicht aber einem durch kirchliche Autorität vorgeschriebenen Glauben verpflichtet sein. Die Bindung an Gott suchte ich in meinem Gewissen und nicht in einer irgend gearteten Hörigkeit. Zum anderen war durch Schule und Literatur mein Interesse an der Jurisprudenz geweckt worden. Die Orientierung an Sprache und Recht sowie die klaren Strukturen rechtlicher Normen und Denkweisen erschienen mir als sicherer Boden für eine wissenschaftliche Ausbildung. Im Zusammenhang mit einem Referat über die Rezeption des römischen Rechts in Deutschland hatte ich mich bereits eingehend mit dem althergebrachten Rechtswesen befasst und hoffte auf ein interessantes Studium. Schließlich mag hinzugekommen sein, dass man damals immer hörte, einem Juristen stünden später beruflich alle Türen offen. Dass letztlich auch die innere Ablehnung des Zölibats den Berufswunsch beeinflusst haben wird, soll nicht bestritten werden.

Nach wenigen Tagen als »Zivilist« begann für mich am 10. Oktober 1944 der stumpfsinnige, aber nicht zu umgehende Einsatz im Reichsarbeitsdienst. Ich kam nach Husum (Nordsee), wo die Einheit etwas außerhalb der Stadt ihr Lager hatte und beim Stellungsbau am Friesenwall eingesetzt war. Es handelte sich um einen sogenannten Wehrmachtseinsatz unter der Feldpost-Nr. 3/75 (L7) und um das Lager KDO 9 Husum/2 (Trupp 5). Nach Einkleidung, Verteilung auf die verschiedenen Baracken und ersten Einweisungen ging es los mit dem normalen Dienst, der einerseits aus »Ordnungsübungen mit dem Spaten« (sogenanntes »Spatenkloppen«), andererseits aus dem eigentlichen Arbeitseinsatz bestand. Vom Letzteren wurde ich allerdings weitgehend verschont, weil ich eine Sonderaufgabe als Hilfsheilgehilfe erhielt, die im Regelfall meine Anwesenheit auf dem Krankenrevier erforderte. Einmal in der Woche kam der Arbeitsarzt aus Husum, untersuchte die Revierkranken, kontrollierte den Medikamentenbestand und las sich meine Aufzeichnungen im Revierbuch über die durchgeführten »Behandlungen« durch. Er brachte mir auch bei, wie man ein Furunkel richtig ausdrückte und sachgerecht weiterbehandelte. Hiervon habe ich mehrere Male Gebrauch machen müssen. Hin und wieder konnte ich einem Kameraden, der durch den anstrengenden Arbeitseinsatz oder durch schikanöse Schleiferei völlig erschöpft auf dem Revier erschien, dadurch helfen, dass ich bei ihm »Fieber« feststellte und zwei Tage Bettruhe verordnete. Die einzige Unterbrechung im Dienstbetrieb bestand darin, dass wir etwa einmal wöchentlich gemeinsam ins Kino geführt wurden. An die Filme »Münchhausen« (mit Hans Albers), »Romanze in Moll« (mit Marianne Hoppe) und »Quax, der Bruchpilot« (mit Heinz Rühmann) kann ich mich noch erinnern.

Mein Bruder – der schon Anfang des Jahres mit dem Reifevermerk des Burggymnasiums von der Flak entlassen worden und inzwischen Gefreiter in einem Infanterieregiment war – schrieb mir am 14. Oktober 1944, er komme soeben von der Westfront zurück, wo er in der Nähe von Nimwegen gegen die gelandeten Kanadier eingesetzt gewesen sei. Zwei Wochen habe der Schlamassel gedauert. Die Verlustquote seiner Einheit betrage 26 Tote und 72 Vermisste. In seinem jetzt 16-tägigen Heimaturlaub habe er soeben einen wüsten Bombenangriff auf Essen miterlebt (»Das krachte und summste bald so wie vorne«). Nach dem Urlaub werde er Uffz (Unteroffizier) und komme zum Osten. Wörtlich heißt es weiter: »Wollen mal sehen, wer da wieder geschlagen werden will«. Ich bin mir nicht sicher, ob mein Bruder das ironisch gemeint hat. In einem kurzen Anschreiben teilte mir meine Mutter mit, das großelterliche Haus in Emmerich sei bei einem furchtbaren Angriff total zerstört worden und die Großmutter jetzt nach Zerbst (Anhalt) evakuiert. Am 27. Oktober erhielt ich ein Telegramm meines Bruders, ich solle doch versuchen, wegen seiner bevorstehenden Verlegung an die Ostfront nach Essen zu kommen. Ich erhielt aber keinen Urlaub, sondern konnte im Gegenteil erst später als meine ganze Truppe nach Hause fahren, zum einen wegen einer mehrtägigen eigenen Erkrankung und zum anderen wegen der anschließend noch notwendigen Übergabe des Krankenreviers an den Arbeitsarzt. Nach alledem trat ich die Heimreise erst am 6. Dezember an.

Auf der Rückfahrt musste ich in Hamburg umsteigen und hörte von dort wohnenden Verwandten, mein Elternhaus sei vor wenigen Tagen bei einem schweren Angriff auf Essen erneut getroffen worden. Ich rechnete deshalb damit, dass bei meiner Heimkehr wieder schwere Schäden an der Wohnung zu beseitigen sein würden. Es kam aber viel schlimmer:

Als ich am Abend des 7. Dezember 1944 – nach einem bedrückenden Gang durch die Essener Trümmerwüste, an Ruinen, Schuttbergen und riesigen Kratern vorbei – an der Kortumstraße angelangt war, sah ich das Ausmaß des Unglücks mit einem Blick: Die gesamte Häuserzeile existierte nicht mehr. Auf irgendeinem Mauerrest las ich die Kreidenachricht meines Vaters »Wir sind bei Tante Hanna«. In der Hoffnung, dass alle überlebt hätten, eilte ich sofort zur Sibyllastraße am Bahnhof Essen-Süd. Dort wohnte seit vielen Jahren – zusammen mit ihrer aus dem Schwarzwald stammenden Haushälterin Stephanie – Tante Hanna Roeser, die als Lehrerin an der Schule »Am krausen Bäumchen« tätig war. Von den erschütterten Eltern, die mit meinen Schwestern in der kleinen Wohnung der Tante Zuflucht gefunden hatten, erfuhr ich dann, dass Essen während meiner Abwesenheit vier schwere Fliegerangriffe erlebt hatte und dass Klaus – der sich auf der Durchreise von einem Einsatzort zum anderen für einen Tag zu Hause aufhielt – bei dem vierten Bombenangriff am 29.November ums Leben gekommen war. Die Beerdigung auf dem Ehrenfriedhof hatte bereits am Morgen meines Ankunftstages stattgefunden, das Seelenamt war für den nächsten Morgen angesetzt.

An diesem Abend hörte ich dann auch von den Einzelheiten des Bombardements vom 29. November 1944, das ich – wie durch höhere Fügung – durch die späte Heimreise vom RAD nicht miterleben musste. Der Fliegeralarm hatte am frühen Morgen alle aus den Betten gerissen und die Eltern suchten wie üblich mit den beiden Schwestern den Luftschutzkeller im Landgericht auf. Mein Bruder und drei weitere Personen aus den anderen Etagen suchten den Luftschutzkeller im Hause auf. Der eigentliche Angriff begann gegen halb fünf und dauerte nur etwa eine Viertelstunde. Dann war das unbeschreibliche Inferno beendet. Luftminen hatten die vier Häuser Kortumstraße 3, 5, 7 und 9 dem Erdboden gleichgemacht. Die Mutter mit den Mädchen fand vorübergehend Unterschlupf in der Langenbeckstraße. Der Vater versuchte zusammen mit Nachbarn, in den Trümmern noch Überlebende zu finden. Er selbst war es schließlich, der den eigenen Sohn in grausigem Zustand fand – mit abgetrenntem Kopf. Auch die anderen Hausbewohner waren tot. Die Einzelheiten des fürchterlichen Geschehens hat der Vater, wie er viele Jahre später auf dem Sterbebett sagte, der Mutter nie erzählt. Unmittelbar vor meiner Ankunft hatten die Eltern übrigens zu allem Unglück auch noch eine mich betreffende »Vermisstenanzeige« erhalten. Wie es dazu kommen konnte, ist ungeklärt geblieben, war aber mit Sicherheit für die Eltern ein geradezu unmenschlicher Schock.

Am 8. Dezember 1944 nahm ich am Seelenamt teil, besuchte das frische Grab auf dem Ehrenfriedhof und bemühte mich im Übrigen um eine Hilfe, um in den Trümmern des Hauses noch Sachen bergen zu können. Sehr schnell bekamen wir von der Wehrmachtskommandantur, die im Handelshof untergebracht war, einen russischen Kriegsgefangenen zugeteilt, der uns direkt liebevoll bei der Bergungsarbeit geholfen hat. Die Ausbeute war allerdings gering. Wir konnten den Küchenherd, den Gasherd, einen Stuhl, etwas Bettzeug, das Silberbesteck und einige Erinnerungsstücke (Fotoalbum) ausgraben. Alles andere war restlos oder jedenfalls so viel zerstört, dass es nicht mehr verwendbar war. Als ich einige Zeit später an der Ostfront gegen russische Soldaten zum Einsatz kam und mich an unseren hilfsbereiten Russen erinnerte, zeigte sich der ganze Wahnsinn des Krieges unmittelbar.

Tante Hanna Roeser nahm auch noch zwei weitere Kinder aus der Verwandtschaft auf, deren Eltern ums Leben gekommen waren. So mussten wir also zu acht Personen auf engstem Raum leben, waren aber froh, dass wir überhaupt ein Dach über dem Kopf hatten. Das Weihnachtsfest verlief traurig und still. Klaus' Bild stand unter dem Weihnachtsbaum, den ich zusammen mit meiner kleinen Schwester aus dem teilweise verwüsteten Stadtwald geholt hatte. So weit die persönlichen Erlebnisse; nun zu den anderen Geschehnissen.

Die militärische Lage wurde im Jahre 1944 zunehmend aussichtsloser, die Übermacht der Alliierten erdrückend. In Ost und West näherte sich der Frontverlauf immer mehr den deutschen Grenzen.

Bereits im Januar 1944 begann die neue russische Offensive. Die Rote Armee überschritt die frühere polnisch-sowjetische Grenze und zwang die deutschen Truppen, die Blockade um Leningrad endgültig aufzugeben. In der Zeit von März bis Juli folgten auf breiter Front die Offensiven in der Ukraine, auf der Krim und in den drei baltischen Ländern Estland, Lettland und Litauen. Allein durch die Vernichtung der Heeresgruppe Mitte verlor Deutschland 350.000 Soldaten. Immer wieder führten verfehlte

Entscheidungen Hitlers, die er entgegen den Warnungen der Generalität traf, zu fürchterlichen Niederlagen. Die Abfolge seiner Befehle – nicht selten verbunden mit der Auswechslung der zuständigen Einheitsführer – war häufig die Gleiche: zunächst der Befehl, keine Handbreit Boden aufzugeben; dann, eine eingeschlossene und abgeschnittene Stellung auf jeden Fall zu halten und als Festung bis zur letzten Patrone zu verteidigen; schließlich, bei erforderlicher Räumung eines Gebiets vorherige völlige Zerstörung (Prinzip »Verbrannte Erde«). Im August und September wurden von der Roten Armee Bukarest und Sofia eingenommen, im Oktober Belgrad besetzt und im Dezember Budapest eingeschlossen. Auch erreichten die Sowjets die ostpreußische Grenze. Bei den »Verbündeten« hatte sich im August/September 1944 einiges getan: In Rumänien war ein Umsturz erfolgt und der Regierungschef Antonescu verhaftet worden; Finnland beendete seinen Krieg gegen die Sowjetunion; Bulgarien erklärte Deutschland den Krieg.

In Italien landeten die Alliierten im Januar 1944 bei Anzio (südlich von Rom), im Februar zerstörten sie das Benediktinerkloster Monte Cassino durch Bombenangriffe und nahmen es im Mai in Besitz; im Juni besetzten sie kampflos die Hauptstadt Rom. Die eigentliche Invasion der Alliierten im Westen begann am 6. Juni, dem sogenannten »D-Day«, und zwar an der französischen Küste in der Normandie. Am frühen Morgen gingen die ersten amerikanischen Truppen nach Überquerung des Kanals in breiter Front an Land, unterstützt durch Schiffsartilleriefeuer, Kampfflieger und Luftlandeoperationen. Nach Eroberung der ersten Brückenköpfe, unter anderem des Hafens von Cherbourg, erfolgte Ende Juli der alliierte Durchbruch in der Normandie, mit dem die Schlacht um Frankreich ihre Fortsetzung nahm. Zu erwähnen bleibt in diesem Zusammenhang eine üble Vergeltungsaktion der Waffen-SS, die am 10. Juni das französische Dorf Oradour – in der Meinung, ein Obersturmbannführer werde dort gefangen gehalten – zerstörten und die gesamte Bevölkerung (mit Ausnahme von nur sieben Überlebenden) niedermachte. Nach Landung auch in Südfrankreich und nach kampfloser Einnahme von Paris im August trieben die Alliierten ihren Angriff zügig weiter voran, erreichten am 11. September die deutsche Grenze bei Trier und besetzten am 21. Oktober die erste deutsche Großstadt, nämlich Aachen. Ein letztes, zunächst erfolgreiches Aufbäumen der deutschen Truppen mit der sogenannten Ardennenoffensive scheiterte, nicht zuletzt am Treibstoffmangel.

Auch die sonstigen innerhalb des totalen Kriegseinsatzes ergriffenen Maßnahmen (Einsatz von Frauen bei der Flak und in der sich noch immer ausweitenden Rüstungsproduktion; Ausbildung von Schuljungen an Panzerfäusten; Einberufung von älteren Männern zum Volkssturm) konnten die Niederlage nicht mehr abwenden, ebenso wenig der im Juni 1944 beginnende Einsatz deutscher Vergeltungswaffen (Beschuss von London durch die V1). Stattdessen gingen im Jahre 1944 die Judendeportationen (jetzt auch aus Griechenland und Ungarn), die medizinischen Versuche an Menschen in mehreren Konzentrationslagern und das sogenannte Euthanasieprogramm ungehindert weiter. Andererseits nahmen auch die bereits mehrfach geschilderten alliierten Bombenangriffe auf deutsche Städte ein unvorstellbares Ausmaß an. Von Oktober bis Weihnachten heulten in Essen beinahe täglich die Sirenen. Die Essener Bevölkerung verringerte sich innerhalb eines Jahres – durch Einberufung zum Wehrdienst, Evakuierung aufs Land und Kinderlandverschickung – um 100.000 Personen.

Dies alles ließ den Widerstand gegen Hitler ständig wachsen. Nach mehrfachen vergeblichen Versuchen, den Diktator zu beseitigen, kam es am 20. Juli 1944 zu dem gründlich vorbereiteten Attentat, durch das das nationalsozialistische Terrorregime abgelöst werden sollte. Oberst Graf Schenk von Stauffenberg gelang es, zu einer Besprechung im Führerhauptquartier eine Bombe mitzubringen und auch zu zünden. Hitler wurde jedoch nur leicht verletzt und empfing noch am selben Tage Mussolini. Stauffenberg und drei weitere Offiziere wurden standrechtlich erschossen. Vor dem Volksgerichtshof unter Freisler fanden anschließend zahlreiche Schauprozesse statt, in denen gegen Mitglieder und Mitwisser des Widerstandskreises Todesurteile verhängt wurden. Hitler führte die Sippenhaftung in Deutschland ein, das heißt Angehörige von politischen Straftätern mussten nunmehr selbst mit Verfolgung rechnen.

Am 1. August 1944 begann der zwei Monate dauernde Warschauer Aufstand gegen die deutsche Besatzung (nicht zu verwechseln mit dem bereits behandelten Aufstand der Juden im Warschauer Ghetto von April/Mai 1943!). Die polnische Bevölkerung wollte mit ihrem heldenhaften Widerstand die Hauptstadt von den deutschen Truppen befreien, musste aber nach großen Verlusten kapitulieren. Die am rechten Weichselufer stehenden russischen Truppen kamen den polnischen Aufständischen nicht zu Hilfe, da diese in den Augen Stalins Klassenfeinde waren. Kurz nach der Niederschlagung des Aufstands befahl Hitler die Zerstörung Warschaus.

Das letzte volle Kriegsjahr ging in einer für Deutschland völlig aussichtslosen Lage zu Ende. Und doch sollten die wenigen Monate bis zur Kapitulation noch ein unbeschreibliches Elend für alle am Krieg beteiligten Menschen bringen.

12. Kapitel

1945

Die in jeder Beziehung katastrophale Lage in Deutschland hatte 1945 ihren Höhepunkt erreicht und zeigte mit der Kapitulation vom 8. Mai eine entscheidende Zäsur: Vorher ging es um die letzten Monate des fürchterlichen Zweiten Weltkriegs und die besonders in der Endzeit grausame nationalsozialistische Herrschaft, nachher um die ersten Monate der entbehrungsreichen Nachkriegszeit unter alliierter Kontrolle. Vorher waren Sirenen, Bomben, Todesangst und Angst vor staatlicher Verfolgung an der Tagesordnung, nachher blieb mit Trümmerwüsten, Wohnungsnot, Hunger und vielfältigem Mangel ein unsagbares Elend zurück. Mögen auch zunächst Wut und Enttäuschung aufgekommen sein über das totale »Besiegtsein« und die jahrelang unnütz erbrachten Opfer; letztlich überwog bei allem Elend doch die Erleichterung, dass man endlich von der unmenschlichen Nazi-Diktatur befreit war. Besonders für die Jugend war diese Erkenntnis eine schmerzvolle Erfahrung.

Anfang Januar 1945 erhielt ich den Einberufungsbescheid zur Luftwaffe nach Stolpmünde. Obwohl ich ihn erwartet hatte, war ich doch erstaunt, dass man mich, der als »Ausgebombter« eine völlig neue Anschrift bekommen hatte und außerdem angeblich »vermisst« war, pünktlich aufspürte. Offensichtlich funktionierte die Behördentätigkeit in Deutschland – jedenfalls soweit es um die Zustellung von Gestellungsbefehlen ging – bis unmittelbar vor dem Zusammenbruch einwandfrei. Ich musste mich am 16. Januar zum Soldatentransport Richtung Berlin am Bahnhof einfinden, hatte also nur noch wenige Tage, in denen ich zu Hause bleiben konnte und hier von recht unterschiedlichen Gefühlen hin und her gerissen wurde. Auf der einen Seite waren es die bedrückten Eltern, die kurz nach dem Tode ihres ältesten Sohnes nun auch den zweiten Sohn zur Front ziehen lassen mussten. Besonders meine Mutter habe ich in diesen Tagen mehrfach – einmal bei der großen Wäsche im Keller, als sie plötzlich Wäschestücke meines Bruders in Händen hatte – bitter weinen sehen. Auf der anderen Seite lernte ich am 15. Januar meinen »Spatz« kennen, meine einzige Freundin und spätere Ehefrau Ruth Erle. Nur einen gemeinsamen Spaziergang konnten wir vor meiner Abfahrt machen und wussten doch sofort, dass wir zusammengehörten. Umso ergreifender war der Abschied von Eltern und Ruth am nächsten Tag.

Die Bahnfahrt – wegen Überfüllung meistens stehend – ging über Berlin (Aufenthalt) und Stettin nach Stolpmünde und dauerte drei Tage. Nach der Ankunft traf ich dort zwei ebenfalls einberufene Klassenkameraden. Wir machten einen Abendspaziergang zur Ostsee und erlebten einen herrlichen Sonnenuntergang. Schon am 23. Januar erfuhren wir von unserer bevorstehenden Abkommandierung. Zunächst war von Breslau oder Danzig die Rede, dann aber lautete das endgültige Ziel »Luftwaffen-Kriegsschule Schloss Hubertusburg bei Oschatz«. Über die »Himmelfahrt« dorthin, das heißt über die katastrophalen Verkehrsverhältnisse im Deutschland des letzten Kriegsjahres und besonders in dieser Region, heißt es in einem Brief an Ruth vom 27. Januar 1945:

Dienstagnachmittag um 17 Uhr teilte man uns mit, wir würden nach Oschatz versetzt. Um 19 Uhr schon mussten wir an der Bahn sein. Die Strecke von Stolpmünde bis Stolp konnten wir noch mit einem planmäßigen Zug zurücklegen. (»Wir« sind übrigens sechs Mann, die auf ein und demselben Transportfahrschein fuhren und deshalb an sich zusammenbleiben mussten; aber es kam anders.) In Stolp sahen wir einen ganzen Zug aus Mitropawagen stehen mit dem Schild: Nach Berlin über Stettin. Alles strömte in diesen Zug, der auch schon ziemlich besetzt war, und wir freuten uns, noch einige Plätze zu erwischen. Und so saßen wir denn sieben Stunden und warteten auf seine Abfahrt. Da diese nicht erfolgte, entschlossen wir uns, mit einem Fronturlauberzug zu fahren. Bei seiner Einfahrt aber schon verloren wir allen Mut. Alle Trittbretter, Puffer und Tender waren dicht besetzt. Also wieder zurück in den Mitropazug. Dieser aber war jetzt gefüllt mit Flüchtlingen aus Marienburg, die fliehen mussten, weil der Russe 10 km vor ihrem Heimatort stand. Immerhin fuhr der Zug nun alsbald ab, aber wie! Ein schweres Eisenbahnunglück vor Stettin machte den Zugverkehr für die nächsten 24 Stunden unmöglich. Wir blieben in Köslin und sahen uns den Film »Die Frau meiner Träume« an. Am folgenden Tag sollte ein D-Zug nach Berlin gehen. Als es wiederum aussichtslos schien mitzukommen, kletterte ich auf den Tender, wo ich schon einige Reisende vorfand. Während der Fahrt bis Belgard glaubte ich da oben erfrieren zu müssen und bewarb mich daher (zusammen mit einem Offizier des Heeres) an der nächsten Station um eine Heizerstelle. Für ein paar Zigaretten gelang das auch und wir durften bis Stargard in der angenehm warmen Lokomotive mitfahren.

Es folgte eine Nacht im total überfüllten Wartesaal. Dort verloren wir uns und jeder musste nun versuchen, sich allein durchzuschlagen. Da ich jetzt keinen Fahrausweis mehr hatte, fuhr ich als angeblicher Flüchtling aus Ostpreußen mit einem Flüchtlingszug weiter. Dieser bestand aus Viehwagen, die weder geheizt noch überhaupt dicht waren. Die Leute kamen sämtlich aus Königsberg und waren mit dem letzten Zug von Ostpreußen noch durchgekommen. Man sagte mir: Dienstag 18 Uhr fuhr dieser Zug durch Elbing; um 18:30 Uhr waren schon die Panzerspitzen der Russen dort und schnitten Ostpreußen endgültig ab; vier zur Abfahrt bereitstehende Flüchtlingszüge seien aus Königsberg nicht mehr herausgekommen. So kam ich also bis Berlin, ließ mir einen neuen Fahrausweis ausstellen, holte mir Lebensmittelmarken, verbrachte einige Stunden bei meinem Vetter Karl F. (Arzt in Karlshorst) und werde in zwei Stunden weiterfahren Richtung Leipzig.

Der Vetter und seine Frau meinten es ersichtlich gut mit mir, besprachen sich lange und rieten mir schließlich, von einem in diesem Stadium des Krieges sinnlosen Fronteinsatz abzusehen und als Zivilist unterzutauchen; sie wollten mir dabei helfen. Ich sah dies damals, wenn ich ehrlich bin, als Feigheit und Vaterlandsverrat an, habe aber, da mir die Sache peinlich war, nichts dergleichen geäußert, sondern mit der Begründung, ein von den »Kettenhunden« (Feldgendarmerie) aufgegriffener Deserteur werde sofort an die Wand gestellt, das Anerbieten dankend abgelehnt. Den beiden herzensguten und mutigen Menschen, die mir damals – unter Inkaufnahme eines hohen eigenen Risikos – wirklich selbstlos helfen wollten, bin ich noch heute dankbar.

Am 30. Januar 1945 kam ich in Schloss Hubertusburg an und gehörte nun als »Flieger« zum 5. Ausb.-Batl. (OB) 1 der Luftwaffe. Ich erhielt das Soldbuch Nr. 1209, die Erkennungsmarke 366, die Stammrolle Nr. 90/45 und eine umfangreiche Luftwaffen-Dienstbekleidung, die im Einzelnen (unter »Bekleidung und Ausrüstung«) im Soldbuch eingetragen und quittiert wurde. Hauptmann R., ein korrekter und angenehmer Vorgesetzter, war unser Kompanieführer; die unmittelbaren Vorgesetzten dagegen waren schwerer zu ertragen. Am 1. Februar begann die Rekrutenausbildung mit allen Schikanen des preußischen Militarismus, wie zum Beispiel Gewaltmärsche mit anschließend blutigen Fußlappen, Nachtübungen, Appellen ohne Zahl, Spindkontrollen, Waffenausbildung und Felddienst mit Gasmaske. In einem Brief an Ruth vom 7. Februar 1945 heißt es hierzu:

> Täglich von 5:30 Uhr bis 20 Uhr Dienst. Gerade kommen wir von einem Gepäckmarsch bzw. Gewaltmarsch zurück. Dieser bestand aus einem Marsch unter der Gasmaske mit voller Ausrüstung circa 20 km. Unterwegs wechselten miteinander ab: Dauerlauf, Lieder unter der Gasmaske, »Volle Deckung« usw. Ab und zu mussten wir Bäche durchwaten, über aufgeweichte Äcker hüpfen, sodass wir bis zu den Knöcheln im Schlamm staken, und als Krönung des Ganzen uns in einem Wäldchen zur Tarnung in die Erde eingraben. Jeden Abend werden dann die völlig verschmutzten Klamotten gereinigt, so gut es geht, und am anderen Morgen geht es wieder in die oft nasse Wäsche. Diese Schikane wird nun für acht Wochen unsere Tage ausfüllen. Nur sonntags »dürfen« wir zur Abwechslung Panzerdeckungsgräben schanzen. Zweimal wöchentlich hält uns ein NSFO (nationalsozialistischer Führungsofffizier)

Vorträge zur angeblich politischen Fortbildung; in Wahrheit geht es dabei aber überwiegend um eine ebenso gerissene wie gemeine Hetzpropaganda gegen die Kirche.

In ihrem Antwortbrief mahnte Ruth mich zwischen den Zeilen, bei der Korrespondenz doch etwas vorsichtiger zu formulieren. Der strenge Dienst war nur schwer zu ertragen, nicht zuletzt deshalb, weil die Verpflegung äußerst dürftig war. Wir hatten häufig richtigen Hunger und übten uns im »Fletschern« (langes Kauen auf einem Stück Mischbrotkante, um das Hungergefühl zu überwinden). Zur regelmäßigen Störung der Bettruhe durch Probealarme und Strafappelle kam noch das gelegentliche Wachestehen hinzu, bei dem mir nicht nur die Heimweh-Lieder »Es stand ein Soldat am Wolgastrand«, »Heimat, deine Sterne« und »Lili Marleen« durch den Kopf gingen, sondern auch Gedanken um die Zukunft sowie um Probleme, die den Siebzehnjährigen bewegten: Sieht Klaus mich jetzt? Gibt es überhaupt ein Leben nach dem Tode? Warum lässt Gott es zu, dass so viele Unschuldige in diesem fürchterlichen Krieg zu leiden haben? Warum ist unsere Erkenntnis so begrenzt? Gedanken dieser Art mögen es gewesen sein, die mich im Anschluss an eine Nachtwache dazu brachten, folgende Zeilen niederzuschreiben:

Hoch über mir am dunklen Firmament
seh ich der Sterne Ungewissheit flimmern;
wie auch mein Geist von dieser Erd sich stemmt,
wie auch sie selbst verheißungsvoll mir schimmern:
ich kann mich nicht in diese Sphären schwingen
und wenn ich's könnt – ich dürfte es nicht wagen,
ich könnt die Größe, könnt die Schwere nicht ertragen,
die Fülle nicht und die Erfüllung, die sie bringen.

Und doch, gäb mir ein Gott in diesem Zwist zu wählen
der Sehnsucht Qual, Erfüllung durch Verderben:
ich würde nicht das Maß der Leiden zählen,
ich würde schauen, schauen, schauen und dann sterben.

Mein Vater teilte mir noch kurz vor der Besetzung unserer Heimatstadt durch die Amerikaner mit, dass am 11. März 1945 abermals ein schwerer Bombenangriff auf Essen erfolgt sei. Bei dieser Gelegenheit erwähnte er auch, dass er für mich eine Bescheinigung des Burggymnasiums vom 13. Februar 1945 über den »Vorsemestervermerk« erhalten habe. Dieser hatte aber nach verlorenem Krieg keinerlei Wert. Denn alle Schüler, die die Schule kriegsbedingt mit dem »Reifevermerk« oder dem »Vorsemestervermerk« verlassen hatten, mussten später einen einjährigen Sonderlehrgang besuchen und – entgegen den ursprünglichen Vorstellungen – das Abitur nachholen.

Am 25. März 1945 war die Rekrutenzeit beendet und wir wurden abkommandiert nach Bernau bei Berlin. Die russischen Truppen standen zu dieser Zeit bei Küstrin und Frankfurt/Oder. Der allgemeine Transport ging noch am selben Tag Richtung Berlin ab. Ich war zu einer Abwicklungsnachhut eingeteilt und sollte am folgenden Tag nachkommen. Da ich kurz vorher erfahren hatte, dass meine Großmutter am 2. März in Zerbst verstorben war, wollte ich die dort noch wohnenden Tanten und das Grab der Großmutter besuchen, »kam vom Transport ab« und fuhr auf eigene Faust zunächst nach Zerbst im Anhalt und dann erst weiter über Berlin nach Bernau. Unterwegs sah man überall Durchhalteparolen plakatiert wie »Unsere Mauern brachen, aber unsere Herzen nicht!« oder »Räder müssen rollen für den Sieg. Hilft deine Reise siegen? Reise nach dem Sieg!«. Als ich in Bernau ankam, hatte der Kompaniechef inzwischen wegen meiner Verspätung einen »Tatbericht« bereits fertiggestellt, leitete ihn dann aber, nachdem er mich verwarnt hatte, nicht weiter. Sonst hätte mir unvermeidlich das Kriegsgericht gedroht, wenn nicht sogar – da seit Februar 1945 zur Bekämpfung von Auflösungserscheinungen »Fliegende Standgerichte« eingesetzt und in Frontnähe auch unerbittlich tätig waren – standrechtliche Erschießung. Stattdessen gab mir der Kompaniechef meine Ernennung zum Fahnenjunker bekannt. Ich war damit Offiziersanwärter und erhielt – welch traurige Ironie angesichts des bevorstehenden Einsatzes! – Silberlitzen für meine Schulterstücke. In der Zeit vom 1. bis zum 9. April erfolgte sodann eine zusätzliche Waffenausbildung, diesmal mit der Panzerfaust. Inzwischen war uns klar geworden, dass eine weitere Fliegerausbildung nicht mehr in Betracht kam, sondern dass wir – wohl nach Einordnung in eine Luftwaffenfelddivision – zum Erdeinsatz kommen sollten. Dass die russische Schlussoffensive zur Einnahme Berlins unmittelbar bevorstand, sagte man uns nicht. Im Gegenteil war immer davon die Rede, die Wende stehe kurz bevor, sobald der Führer die neu entwickelten Wunderwaffen (V1 und V2) einsetze.

Am 10. April 1945 erhielten wir den Marschbefehl an die Front. Wir bekamen neue Waffen (Karabiner und Panzerfäuste) und marschierten zwei Tage lang mit Sturmgepäck, Waffen und Marschverpflegung Richtung Osten. Nun erst erfuhren wir, dass wir im Oderbruch zum Fronteinsatz kommen sollten, und zwar wurden wir zur Ortsverteidigung von Neutrebbin und Metzdorf eingesetzt. Als wir ankamen, war der Ort – ich weiß nicht mehr, welcher von beiden – von den Einwohnern bereits geräumt. Wir wurden auf einem Hof einquartiert, mussten in einiger Entfernung davon Schützenlöcher ausheben und im Übrigen kampfbereit abwarten. Da die Verpflegung äußerst knapp war, versuchte ich, eines der frei umherlaufenden Hühner zu fangen, was mir aber nicht gelang.

In den Morgenstunden des 16. April 1945 begann der sowjetische Großangriff mit einem gewaltigen Trommelfeuer. Wir hockten in unseren Schützenlöchern und erlebten eine Artilleriekanonade von unbeschreiblichem Ausmaß. Zunächst war es ein ununterbrochen dumpfes Rollen, das an ein fernes Erdbeben erinnerte. Dann kamen die Abschüsse der »Stalinorgeln« (auf Lastwagen montierte Mehrfachgranatwerfer) immer näher. Später griff auch noch die sowjetische Luftwaffe ein. Zwei Tage lagen wir so an vorderster Front und hörten die unterschiedlichsten Meldungen darüber, wo der Feind bereits durchgebrochen sei, dass im Nachbarort ein russischer Panzerangriff stattgefunden habe und dass auch bei uns am Ortsrand schon russische Panzer durch deutsche Sturmgeschütze zurückgeworfen worden seien. Unsere Kompanie, fast ausschließlich aus 17-jährigen Rekruten und Fahnenjunkern bestehend, erlebte zermürbende Stunden, ohne dass wir auch nur einen einzigen Schuss abgegeben hatten. Das hilflose Abwartenmüssen war nervenaufreibend und lähmend zugleich.

Am 17. April 1945 schließlich kam überfallartig ein weiteres Trommelfeuer mit »Stalinorgeln«, das diesmal auch unsere Stellung direkt erfasste. Ich weiß nur noch, dass ich plötzlich einen Schlag wie mit einem Hammer vor den rechten Oberarm erhielt, den Karabiner nicht mehr halten konnte und sofort stark blutete. Den gleichaltrigen Kameraden neben mir, der aus Wien stammte, hatte es tödlich getroffen. Mühsam kroch ich aus dem Schützenloch heraus, lief bis zu einem Gebäude zurück und wurde dort notdürftig verbunden. Ob ich, wie ich meine, noch russische Panzer gesehen und das Feldgeschrei heranstürmender Russen (»Urräh, urräh«) gehört habe, weiß ich nicht mehr genau. Jedenfalls muss ich nach dem Verbinden das Bewusstsein verloren haben. Denn daran, wie ich auf das Fahrzeug gekommen bin, das mich zum Hauptverbandsplatz Wriezen zurückgebracht hat, kann ich mich nicht mehr erinnern. Meine Erinnerung setzt erst wieder ein, als ich in einem Keller des HVP bei Kerzenlicht auf dem Operationstisch lag und langsam, während man mir eine Äthernarkose gab, bis zehn zählen musste. Mir wurde ein großer Granatsplitter aus dem Oberarm entfernt und anschließend erklärt, die weiteren Splitter könnten nur im Lazarett herausoperiert werden. Auch hörte ich, von meiner Einheit solle es nur vier Überlebende gegeben haben; der Kompaniechef sei als Erster gefallen.

Nachdem ich aus der Narkose erwacht war (inzwischen war der 18. April angebrochen), ging es auf einem offenen LKW weiter in Richtung Lazarett Berlin-Zehlendorf. Unterwegs wurde der Wagen von Feldjägern (sogenannten Kettenhunden) angehalten und stichprobenartig daraufhin kontrolliert, ob sich tatsächlich nur Verwundete dort befanden. An Bäumen sah man Erhängte mit abschreckenden Schildern um den Hals (»Ich bin ein Feigling«). Es war einfach grausam. Am 19. April 1945 wurden mir im Lazarett 121 Berlin-Zehlendorf weitere Splitter entfernt, ein »Stukkaverband« (Drahtgestell zur waagerechten Fixierung des Armes) angelegt und Bettruhe verordnet. Die eigene Befindlichkeit schwankte zwischen Untergangsstimmung und Überlebenswillen. Im Hinblick auf die schon bald zu erwartende Einkesselung Berlins wurde uns geraten, sämtliche Papiere mit Ausnahme des Soldbuchs zu vernichten. Da ich mich von meinem Flugbuch nicht so schnell trennen wollte, habe ich es im Lazarett zwischen Bett und Wand versteckt.

Am 23. April 1945 waren die Russen bis zur Stadtmitte vorgedrungen. Alle Verwundeten, die laufen konnten, wurden aufgefordert, sich in Richtung Westen auf den Weg zu machen. Wir bekamen ein Kochgeschirr voll Rotwein als Marschverpflegung mit und tippelten durch den Grunewald. Dann ging es weiter mit der Bahn über Spandau und Wittenberge nach Ludwigslust. Auf dieser Fahrt wurde der Rote-Kreuz-Zug (der auf den Dächern deutlich als solcher gekennzeichnet war) wiederholt von Jabos angegriffen, das heißt von unberechenbaren Tieffliegern, denen man kaum ausweichen konnte. Nachdem die Lokomotive fahrunfähig geschossen war, sprangen wir aus dem Zug, der auf einem nach beiden Seiten abfallenden Bahndamm stand, und warfen uns zu Boden, da wir von den Jabos weiter beschossen wurden. Mir fielen die Rettungssprünge von einer auf die andere Seite des Bahndamms besonders schwer wegen meines Stukkaverbandes. Als die Flugzeuge endgültig abgedreht hatten, kam ich mit einem Panzer ein Stück weiter und musste unterwegs erleben, dass ein junger Bursche, der ohne Papiere aufgegriffen worden war, zur standrechtlichen Erschießung abgeführt wurde. Kurz danach bekam ich hohes Wundfieber (40,5°), wurde von einem freundlichen Gutsherrn aufgenommen und zwei Tage lang versorgt. Dann ging es weiter und am 26. April endlich kam ich in Hamburg-Bergedorf (Boberg) bei Verwandten, der Familie Rosing, an. Die liebevolle Aufnahme erschien mir wie ein Himmelsgeschenk.

Es folgte in der Zeit vom 27. April bis zum 7. Mai 1945 ein weiterer Lazarettaufenthalt in Reinbek bei Hamburg. Dort wurde der Stukkaverband abgenommen und ich erholte mich einigermaßen. Als wir am 30. April von Hitlers Tod hörten, schmolzen auch die allerletzten inneren Bindungen an den geleisteten Treueeid dahin. Am Abend vor der Kapitulation floh ich mithilfe einer Cousine, die mir Zivilkleidung mitgebracht hatte, aus dem Lazarett, um nicht in Gefangenschaft zu geraten. In der Zeit vom 8. bis zum 19. Mai wohnte ich sodann bei meinen Verwandten, wurde durch einen Zivilarzt behandelt und brauchte meinen verwundeten Arm nur noch in einer Binde zu tragen. Ich besorgte mir am 12. Mai von der Stadt Hamburg als Schüler eine »Abreisebescheinigung für behördlich genehmigte Umquartierung«, meldete mich am 14. Mai für den Bezug von Lebensmittelkarten an, erhielt am 16. Mai eine »Notkennkarte (gültig für einen Monat)« mit Lichtbild und machte mich am 20. Mai zu Fuß auf den Heimweg nach Essen. Zunächst musste ich mich durch die geradezu schauerliche Trümmerwüste Hamburgs vorarbeiten. Ganze Stadtviertel schienen dem Erdboden gleichgemacht. Als ich in Hamburg-Harburg die Brücke überqueren wollte, wurde ich von der britischen Brückenwache festgenommen und für eine Nacht in einen Keller eingesperrt. Vor der Tür stand ein bewaffneter schwarzer Soldat. Am nächsten Morgen vernahm mich ein britischer Offizier, der fließend deutsch sprach. Als er hörte, dass ich Schüler auf einem humanistischen Gymnasium sei, zeigte er sich an Einzelheiten unseres altsprachlichen Unterrichts sehr interessiert, erkundigte sich freundlich nach Heimatstadt und Familie, stellte mir einen Passierschein aus und veranlasste meine sofortige Freilassung. Über Bremen, Kloppenburg, Osnabrück und Münster war ich dann fünf Tage lang unterwegs, teilweise zu Fuß, teilweise mit einem Pferdewagen und zuletzt mit der Bahn. Unterwegs erlebte ich ganze Heerscharen von Soldaten, die sich selbst »entlassen« hatten und auf dem Heimweg waren. Ältere Soldaten verstanden es immer wieder, die notwendigste Marschverpflegung irgendwie zu »organisieren« und hungernde Kameraden daran teilnehmen zu lassen.

Am 25. Mai 1945 traf ich endlich in Essen ein, wo Überraschung und Wiedersehensfreude groß waren. Leider hatten sich unterwegs erhebliche Schmerzen im Arm eingestellt, sodass ich mich – nach polizeilicher Anmeldung am 30. Mai und Erhalt einer »zeitweiligen Registrierungskarte« vom »Military Government of Germany« – sofort in ärztliche Behandlung begeben musste. Zunächst erfolgte eine ambulante Wundbehandlung, dann ab Juni auch eine stationäre Behandlung im Elisabeth-Krankenhaus. Wegen Überfüllung des Krankenhauses musste mein Bett mit vielen anderen auf einem Flur stehen. Dort lernte ich einen Schachfreund kennen, dessen interessante Erzählungen aus dem Vereinsleben mich dazu brachten, später dem Schachverein Essen-Ost beizutreten. Im Krankenhaus erhielt ich auch Besuch von meinem alten Pauker »Opa Gaul«, worüber ich mich sehr gefreut habe. Im Juli zeigte sich, dass eine erneute Operation unvermeidlich war. Man hatte einen weiteren Granatsplitter entdeckt, der durch die Achselhöhle hinter das Schulterblatt gewandert war und entfernt werden musste. Wie mir die Ärzte Dr. Schneider und Dr. Jansen später sagten, handelte es sich um eine gefährliche Operation, die fünf Stunden gedauert habe, aber erfolgreich verlaufen sei. Den von einer »Stalinorgel« stammenden Granatsplitter verwahre ich noch heute. Die Nachbehandlung – wiederholte Einsetzung einer Kanüle – dauerte mehrere Wochen und war recht schmerzhaft. Erst Ende August war die Wunde abgeheilt und ich konnte mich so langsam wieder an das normale Zivilleben gewöhnen. Das heißt: »Normal« war das Zivilleben ganz und gar nicht. Im Gegenteil!

Die Wohnungsnot war nach wie vor abenteuerlich. Mit acht Personen in einer kleinen Wohnung (drei Zimmer und Küche) leben zu müssen, erforderte schon viel Geduld und gegenseitige Rücksichtnahme. Dennoch durften wir nicht klagen, ging es doch vielen Menschen in Essen, die sich mühsam in den Ruinen eingerichtet hatten und teilweise im Keller lebten, noch erheblich schlechter. In nicht seltenen Fällen kam es zu Zwangseinweisungen durch das Wohnungsamt. Die Stadt Essen wurde mit Genehmigung der Militärregierung zu einem »Brennpunkt der Wohnungsknappheit« erklärt und gleichzeitig ein Zuzugsverbot erlassen. Wer ohne Genehmigung nach Essen verzog, erhielt weder Lebensmittelkarten noch Unterkunft.

Auch die Verpflegungssituation war katastrophal. Der Hunger grassierte in einem entsetzlichen Ausmaß. Die Amerikaner – die zunächst beim Einmarsch an Kinder Brot, Kekse und Trockenmilch verteilt hatten – kümmerten sich nach der Besetzung Essens nur um die Versorgung der Fremdarbeiter, die in verschiedenen Lagern untergebracht waren, und überließen es dem Essener Ernährungs- und Wirtschaftsamt, die wenigen noch vorhandenen Lebensmittelvorräte zu verteilen. Häufig sah man lange Menschenschlangen um Brot anstehen, oft sogar vergeblich. Die Lebensmittelrationen für Normalverbraucher waren kläglich gering. Alles, was irgendwie essbar war (Brennnesseln, liegen gebliebene Ähren, Bucheckern, angefaulte Äpfel), wurde gesammelt und verzehrt. Die Hausfrauen erbrachten Meisterleistungen beim Kochen ohne Fett. Bald begannen auch schon die ersten (an sich verbotenen) »Hamsterfahrten« aufs Land. Dabei trennten die Städter sich von ihren letzten über das Kriegsende hinaus geretteten Wertgegenständen (Teppichen, Schmuck usw.) und tauschten sie beim Bauern gegen Kartoffeln, Gemüse oder Butter ein. Auch hatte die »Zigarettenwährung« Hochkonjunktur und der Schwarzhandel blühte. Nachts kam es zu Übergriffen früherer Zwangsarbeiter, gegen die sich die Bevölkerung dadurch wehrte, dass man sich gegenseitig durch lautes Topfschlagen warnte. Gelegentlich hörte man von regelrechten Plünderungen.

Eine gewisse wenn auch geringe Besserung trat ein, als im Sommer 1945 (wegen der Neuaufteilung der Besatzungszonen) anstelle der Amerikaner die Engländer als Besatzungsmacht eintrafen. Diese sorgten auch für die Installation einer demokratischen Stadtverwaltung. Dem Oberbürgermeister wurde ein beratender Stadtbürgerausschuss zur Seite gestellt. Die Mitglieder dieses Ausschusses vertraten die verschiedenen Richtungen in der Essener Bevölkerung und wurden später durch den Rat der Stadt als politische Vertretung der Bürger abgelöst. Daneben gab es – im Sinne der Gewaltenteilung – ab 1946 den Oberstadtdirektor als Spitze der Verwaltung. Im August 1945 wurden alle Erwachsenen für zehn Arbeitsstunden zum Schutträumen und zur Beseitigung von Bombentrichtern verpflichtet. Da viele Männer gefallen waren oder sich noch in Kriegsgefangenschaft befanden, lag die Hauptlast der Trümmerbeseitigung bei den Frauen, die als sogenannte »Trümmerfrauen« in die deutsche Geschichte eingegangen sind und für den gesamten Wiederaufbau Außerordentliches geleistet haben. Steineklopfen (= Reinigung von Ziegelsteinen zur Wiederverwendung), Freiräumen der Straßen von Schuttbergen und Schaffung notdürftiger Wohnungen in Kellern und Erdgeschossen standen im Vordergrund. Der Tag war angefüllt mit den Bemühungen um das tägliche Brot, um Kleidung, Wohnung und Heizung. Die Stadt sorgte nach und nach für eine ausreichende Versorgung mit Wasser und elektrischem Strom. Auch die ersten Straßenbahnen fuhren wieder, ebenso die Personen- und Güterzüge zwischen Essen und den Nachbarbezirken. Dass es langsam wieder aufwärtsging, zeigte sich an den verschiedensten Ereignissen: erste Konzerte des städtischen Orchesters im Waldtheater; Ausweitung des Postverkehrs auf alle Besatzungszonen; Wiedergründung von Parteien; Aufnahme der Rechtsprechung durch die Essener Gerichte.

Um die großen Ausbildungslücken, die in den letzten zwei Jahren durch Unterrichtsausfall oder durch gekürzten Schulunterricht in der Flakstellung entstanden waren, etwas auszugleichen, nahmen wir noch vor Wiedereröffnung der Schulen in Essen zu mehreren Klassenkameraden – in kleinen Gruppen und mit wechselnder Besetzung – Privatunterricht bei einigen unserer Lehrer, so in Latein und Griechisch (bei Studienrat Heese), in Mathematik (bei Studienrat Nöller) sowie in Geschichte und Religion (bei Studienrat Dr. Gaul). Daneben belegte unsere Klasse (als »Privatzirkel des Burggymnasiums«) im September/Oktober 1945 einen Tanzkursus in der Tanzschule Thielemann. Langsamer Walzer, Wiener Walzer, Foxtrott und Tango waren schnell gelernt. Endlich durfte auch wieder amerikanischer Jazz gespielt werden. Am Wochenende lud der Tanzlehrer, der auf gute Umgangsformen großen Wert legte, zum Tanztee ein. Ob er, wie es hieß, für den korrekten Sitz seines Anzugs in den Hosenaufschlägen stets Bleikügelchen trug, blieb ein Geheimnis. Am 5. November feierten wir auf der Margarethenhöhe unseren Schlussball, zu dem jeder Herr für seine Dame ein Tischkärtchen individuell gestalten sollte. Ich schrieb auf die Innenseite des Kärtchens ein paar Verse, an deren Anfang sich Ruth heute noch erinnern kann:

»O göttliche Terpsichore,
im prall gefüllten Portmonee
liegt unser Glück ja nicht allein:
man braucht den Tanz zum Glücklichsein.«

Im Oktober 1945 öffnete die BMV-Schule wieder ihre Pforten. Meine Schwestern mussten nun von der Sibyllastraße aus einen relativ weiten Schulweg zurücklegen, und zwar sowohl morgens als auch nachmittags, da es zunächst je zwei Stunden Schichtunterricht gab. Unterwegs ist die damals zwölfjährige Hildegard einmal vor Hunger und Erschöpfung ohnmächtig geworden. Hilfsprogramme versuchten das Elend nach Möglichkeit etwas zu mildern. So gab es in den Schulen abwechselnd grüne Erbsmehlsuppe und gelbe »Quäkersuppe«, außerdem täglich eine Cebion-Tablette. Wenn man Glück hatte, erhielt man auch schon mal etwas aus einem amerikanischen Care-Paket.

Für uns begann der Schulunterricht wieder im November 1945, und zwar – da das Burggymnasium wegen der Kriegsschäden vorerst nicht zu benutzen war – zunächst in den Räumen einer Mädchen-Oberschule. Ein halbes Jahr lang wurde kräftig gebüffelt und dann recht streng gesiebt, wer in den einjährigen Sonderlehrgang zur Ablegung des Abiturs aufgenommen werden sollte. Der Sonderlehrgang fand in der Zeit von April 1946 bis März 1947 in den Räumen des Werdener Gymnasiums statt und hatte eine bunte Zusammensetzung: Von den 32 Mitgliedern waren nur 17 aus meiner ursprünglichen Klasse (darunter auch wieder Hännes G. und Kurt Sch.), 14 aus anderen Klassen, dabei teilweise erheblich älter als wir. Als besonderer Farbtupfer und einziges Mädchen auf dem Burggymnasium kam Uta hinzu, die Tochter des damaligen CDU-Politikers Dr. Dr. Gustav Heinemann, der im Spätherbst 1946 erster frei gewählter Oberbürgermeister von Essen wurde. In unserer Klasse lernte Uta auch ihren späteren Ehemann Edmund Ranke kennen, der – nach langem Kriegsdienst zurück – ebenfalls wieder die Schulbank drückte, um das Abitur nachzuholen. Viele Klassenkameraden sind inzwischen gestorben. Bei unserem kürzlichen 60-jährigen Abiturtreffen waren noch zwölf Ehemalige erschienen. Da gab es viel zu erzählen aus Studium, Beruf, Ruhestand und Familie. Am schönsten aber war der Austausch gemeinsamer Erinnerungen.

Abschließend nun noch eine kurze Schilderung dessen, was sich im Jahre 1945 rund um den Zusammenbruch Deutschlands ereignet hat.

Nach der gescheiterten deutschen Ardennenoffensive starteten die Alliierten am 3. Januar 1945 mit massiver Luftwaffenunterstützung eine Gegenoffensive und warfen die deutschen Truppen auf ihre Ausgangsstellungen zurück. Damit war die militärische Lage an der Westfront endgültig entschieden. An der Ostfront folgte am 12. Januar die Fortsetzung der sowjetischen Großoffensive von der Weichsel (Warschau) bis zur Oder (Breslau und Küstrin). Auch Ostpreußen, wo bereits eine Massenflucht der Bevölkerung aus Angst vor dem »Iwan« eingesetzt hatte, wurde am 26. Januar abgeschnitten. Vielen Menschen aus Pommern, Schlesien und Ostpreußen war in langen Trecks die Flucht in den Westen noch gelungen, viele wurden von der Kriegsmarine über die Ostsee gerettet, viele fanden aber auch den Tod oder mussten (vae victis!) die unsäglichen Drangsalierungen der Eroberer erleiden. Das unbeschreibliche Elend dieser Massenflucht, zu der auch der Untergang des Flüchtlingsschiffs »Gustloff«, die zahllosen Tieffliegerangriffe auf die Flüchtlinge und die verheerende Eiseskälte gehörten, ist anderweitig in Wort und Bild wiederholt dokumentiert worden. Hier zeigte sich die Grausamkeit des Krieges in seinen schlimmsten Auswirkungen. Die auf breiter Front durchgeführte sowjetische Winteroffensive führte, nachdem ab 16. April aus dem Brückenkopf Küstrin heraus der eigentliche Großangriff auf Berlin gestartet war, zum endgültigen Zusammenbruch der Ostfront. Am 25. April war die Einschließung Berlins beendet. Amerikanische und sowjetische Soldaten trafen bei Torgau an der Elbe zusammen und reichten sich auf den Trümmern einer Elbbrücke die Hände.

Für die restlichen Aktionen des Krieges und seine Beendigung mag eine kurze, stichwortartige Zusammenstellung genügen: Bildung eines Brückenkopfes bei Remagen durch die US-Armee (7. März); »Nero«-Befehl Hitlers zur Zerstörung aller lebenswichtigen Nachrichten-, Industrie- und Versorgungsanlagen (19. März); Befreiung der Konzentrationslager, unter anderem Auschwitz (27. Januar), Buchenwald (11. April), Bergen-Belsen (15. April) und Dachau (28. April), jeweils mit unvorstellbaren Entdeckungen; weitere Bombenangriffe auf deutsche Städte, insbesondere Berlin (3. Februar), Dresden (13. Februar) und Essen (11. März); Tod Roosevelts mit Truman als Nachfolger (12. April); Kapitulation des Ruhrgebietes (18. April); Tod Mussolinis und Teilkapitulation in Italien (27./29. April); Selbstmord Hitlers (30. April); deutsche Gesamtkapitulation (8./9. Mai); Verhaftung der Dönitz-Regierung in Flensburg (23. Mai); Abwurf von Atombomben auf Hiroschima (6. August) und Nagasaki (9. August); Kapitulation Japans (2. September).

Die Alliierten bestimmten – nach Casablanca und Teheran – in weiteren Konferenzen das Schicksal Deutschlands für die Nachkriegszeit: Jalta-Konferenz vom 4. Februar und Potsdam-Konferenz vom 17. Juli 1945. Hauptpunkte der Einigung waren die Übernahme der Regierungsgewalt durch einen Kontrollrat, die Entmilitarisierung Deutschlands, die Entnazifizierung der Bevölkerung, die Aufteilung Deutschlands in vier Besatzungszonen unter gleichzeitiger Errichtung von Militärregierungen, die Teilung Berlins in vier Sektoren unter Viermächteverwaltung, die Entflechtung der Wirtschaft und die Rückführung der Deutschen zur Demokratie.

Gesamtbilanz des Zweiten Weltkriegs (wobei die Zahlen auf voneinander abweichenden Schätzungen beruhen):
Rund 50 Millionen Menschen haben ihr Leben verloren, und zwar über 19 Millionen Soldaten (davon mehr als 4,5 Millionen deutsche Soldaten), rund 15 Millionen Zivilisten (davon 500.000 durch Bomben getötete deutsche Zivilisten), rund 9 Millionen Menschen in Konzentrations- und Vernichtungslagern (davon etwa 6 Millionen Juden). 12 Millionen Deutsche haben durch Flucht oder Vertreibung ihre Heimat verloren und beinahe 11 Millionen deutsche Soldaten kamen in Kriegsgefangenschaft. Nahezu alle Großstädte auf dem europäischen Festland, soweit sie nicht in neutralen Staaten liegen, wurden weitgehend zerstört. Die Kriegskosten des Deutschen Reiches beliefen sich auf über 600 Milliarden Reichsmark. Die letzten Gefangenen (rund 20.000) wurden – auf Intervention Adenauers – erst im Oktober 1955 aus sowjetischer Haft entlassen.

Der Wiederaufstieg Deutschlands in der Nachkriegszeit war lang und mühsam. Verantwortliche wurden zur Rechenschaft gezogen, demokratische Parteien gegründet oder wiedergegründet, unabhängige Zeitungen erschienen. Auch das kulturelle Leben erwachte langsam aus den Ruinen und half den Menschen, mit der Angst vor einer unsicheren Zukunft fertig zu werden. Aber Not und wirtschaftliches Elend sollten noch lange Zeit anhalten. Ein nachhaltiger wirtschaftlicher Aufschwung und damit das deutsche »Wirtschaftswunder« begann erst mit der Währungsreform im Juni 1948, als die Reichsmark durch die Deutsche Mark (DM) abgelöst wurde. Noch wichtiger war, dass Deutschland sich nach und nach sowohl innerlich als auch nach außen hin von dem Makel der menschenunwürdigen Nazi-Ideologie befreite und durch eine konsequent demokratische Friedenspolitik wieder als geachteter Partner auf dem internationalen Parkett anerkannt wurde.

Schlusswort

Leicht war es nicht. Etwa sechs Monate lang habe ich beinahe täglich an den Erinnerungen gearbeitet. Aber ich glaube, es hat sich gelohnt. 18 Jahre des Lebens ganz bewusst und in möglichst vielen Einzelheiten an sich vorüberziehen zu lassen, ist ein ebenso spannendes wie anrührendes Erlebnis, zumal wenn diese Jahre mehr als ein halbes Jahrhundert zurückliegen. Dabei muss man sich über die schnelle Vergänglichkeit des Augenblicks, den man nach so langer Zeit beschreiben will, im Klaren sein. Jahrzehntelang hat man vielleicht ein bestimmtes Bild mit sich herumgetragen, ja geradezu als sichere Erinnerung konserviert. Und erst jetzt, unter dem Druck der zu fixierenden Erzählung, gewinnen verschwommene oder durch Vergesslichkeit gar retuschierte Vergangenheitsbilder klare Konturen, nicht zuletzt deshalb, weil historische Fakten stets den Vorrang haben und als Korrekturkorsett für eigenes Erleben anerkannt werden müssen. Wenn diese »Rückblicke mit 80« der Enkelgeneration ein wenig helfen, die damalige Zeit – insbesondere die Situation der Jugend in dieser Zeit – besser zu verstehen, hat das kleine Buch seinen Zweck erfüllt.

Essen, im Jahre 2007
Bruno Bergerfurth

Benutzte Literatur

Akropolis, *Schulzeitung des Burgymnasiums* (bis 1938).
Bedürftig, *Drittes Reich und Zweiter Weltkrieg*, 2002.
Bourke-White, *Deutschland – April 1945*, 1979.
von Buch, *Wir Kindersoldaten*, 1997.
Cartier, *Der Zweite Weltkrieg*, 2 Bände.
Chronik, *Tag für Tag in Wort und Bild* (ab 1928).
Glaser u. a., *Siegreich bis zum Untergang*, 1983.
Jahn, *Essener Geschichte*, 1952.
Kleindienst, *Wir sollten Helden sein*, 2001.
Larass, *Der Zug der Kinder*, 1983.
Matussek, *Wir Deutschen*, 2. Aufl. 2006.
Nicolaisen, *Die Flakhelfer*, 1981.
Norbisrath, *Gestohlene Jugend*, 2000.
Priamus, *Die Ruinenkinder*, 1985.
Reich-Ranicki (Hg.), *Meine Schulzeit im Dritten Reich*, 1982.
Schäfer, *13 Tage Weltgeschichte*, 1964.
Schmidt u. a., *Kindheit und Jugend unter Hitler*, 1992.
Schneider, **Essen**, *Das Abenteuer einer Stadt*, 1963.
Schultz-Naumann, *Die letzten dreißig Tage*, 1980.
Simon, *Luftwaffenhelfer, Frontsoldat, Heimkehrer*, 2006.
Tewes, *Jugend im Krieg*, 1989.
Tümmler, *Essen – so wie es war*, 2 Bände, 1973 u. 1981.
Wisotzky, *Vom Kaiserbesuch zum Euro-Gipfel*, 1996.
Zentner, *Ein Volk, ein Reich, ein Führer*, 2 Bände, 1975.

Sachregister